刺繍で楽しむ
イギリス王立植物園の花たち

THE KEW BOOK *of* EMBROIDERED FLOWERS

キューガーデンの植物画から生まれた刺繍図案

トリッシュ・バー
斎藤静代 訳

河出書房新社

献辞

ボタニカルアートを愛するすべての人たちへ

THE KEW BOOK *of* EMBROIDERED FLOWERS

TRISH BURR

「神のなさることは、すべて時にかなって美しい」
──伝道者の書 3:11
（日本聖書刊行会発行の
『新改訳聖書』から引用）

謝辞

「感謝しているのにそれを口にしないのは、プレゼントを用意しているのに
渡さないのと同じだ」　──ウィリアム・アーサー・ウォード

本書を上梓するにあたって、関係者の皆さま、特にサーチ・プレス社のケイティ・フレンチ氏とベッキー・ロビンズ氏、キュー王立植物園のジーナ・フラーラヴ氏に、感謝申し上げます。皆さまには構想段階で大きな力になっていただきました。あんなにも美しい植物画の世界を刺繍で再現する栄誉を与えてくださってありがとうございました。いつも優しく明るい担当編集者のベッキー、あなたの忍耐と助言と導きにも感謝しています。

ベッツィー・ホウズグッド氏にはわたしの意図をくんだ綿密な校閲をしていただきました。おかげで「バッタにはしっぽがない」ことを学びました！ レイチェル・ペダー=スミス氏には美しい「マゼンタフラワーライン」を刺繍サンプラーとして使わせていただきました。オ・ヴェール・ア・ソワ社のナタリー氏とマルク氏には高級シルクのソワ・ダルジェを全種類提供していただきました（ラッキー！）。キュー王立植物園の出版アシスタント、ペイ・チュウ氏には、植物画の資料についてお世話になりました。ロンドンにいる娘のステイシーには、この本で使う美しい写真すべてを撮ってもらいました。カメラのレンズを通して、わたしとまったく同じに刺繍の真髄をとらえられる人は他にはいません。一緒に仕事ができるようになったこと、ほんとうにうれしく思います。

さらに個人的な感謝を。末娘のケイティー、色決めや構成ではあなたを頼りにしていました。刺繍も手伝ってもらいましたね。一緒にテレビの『バッチェラー』を観てくれて、Kポップと韓流ドラマの世界で置いてけぼりにならないようにしてくれて、ありがとう。それからテス、あなたのような人を誇りに思います。聞き上手でやる気を出させてくれました。インスピレーションのもとになってくれてありがとう。長いこと苦労をかけた夫のサイモンへ。ほんとうはラグビーの試合を観たかったでしょうに、辛抱強く耳を傾けたり刺繍に興味を持ったりするフリをしてくれてありがとう。あなたと一緒に人生を歩けることを心から感謝しています。お父さん、お母さん、わたしを見守り導き支えてくれて、ありがとう。

最後に大事な方々へ。お客さま、生徒の皆さま、読者の皆さま、わたしの活動を支え、失敗を許して、現状に甘んじることは決して許さない皆さまに感謝申し上げます。この本が皆さまのお気に召しますように。すべてのページを皆さまに捧げます。

CONTENTS

「花のない星から来た者は、
地球の人間はそういうものに囲まれて
いつもうれしくて仕方がないのだ、と思うだろう」
――アイリス・マードック

T BURR 17
Papaversomniferum L.

出版に寄せて

キュー王立植物園図書館は1850年代半ばに設立されました。現在は植物に関する資料を他に類を見ないほど多数所蔵しています。これらの資料は、キュー王立植物園の科学者や園芸家の研究を支えていますが、それにとどまらず世界中の何千という研究者、園芸愛好家、歴史家、そして一般の人たちも利用することができます。どなたのお越しも歓迎いたします。

植物画のコレクションは世界的に有名で、その種のものとしては最大級です。過去200年にわたって、18世紀から現代までの作品20万点ほどが収集されました。植物画は植物や菌類の世界の多様性を目にも鮮やかに記録していますが、来歴や採取者についての記述を含むという意味では、歴史的価値もあります。

植物画は目を楽しませてくれる一方で、じつは実用的なコレクションでもあり、植物や菌類の識別や命名といった分類の過程で重要な科学的ツールになっています。種の特定に使われるので、植物や菌類の見た目の特性を記録するときには正確さが命となります。特徴となるものは、すべて描きます。タネ、花、実など、芸術的観点からも注目されるように並べます。写真ではこうはできないでしょう。

キュー王立植物園のコレクションには、植物画で有名な画家たちの作品もあります。ゲオルク・ディオニシウス・エーレットやピエール＝ジョゼフ・ルドゥーテ、フランツ・バウアー、フェルディナンド・バウアーの兄弟といった18世紀の大家たちの絵画から19世紀のウォルター・フッド・フィッチの絵画まで、さらにカーティス・ボタニカル・マガジンやキュー・ブルティン誌のような出版物に挿絵を提供している現代のイラストレーターたちの作品があります。

作品の媒体や大きさは、ポケットサイズのスケッチブックから幅３メートルにまでなる大作まで、多岐にわたります。さらにこの数世紀に活躍した著名な科学者、植物画家、探検家などの肖像画が、多数所蔵されています。植物やその利用法、そしてキュー王立植物園そのものの歴史を記録する写真のコレクションもあります。

そして言うまでもないことですが、植物画は芸術的インスピレーションを生む驚くべき源です。これまでも新しい分野や既存の分野の芸術家や工芸作家たちの手によって、新たな作品に生まれ変わってきました。トリッシュ・バー氏の繊細で美しい刺繍は、キュー王立植物園の植物画に別の視点をもたらしました。色彩を引き立て、三次元で浮かび上がらせ、原画を映しながらより美しく見せる――わたしたちの目を改めて植物画に向けさせてくれると申し上げてもいいでしょう。

キュー王立植物園図書館長
フィオナ・エインズワース

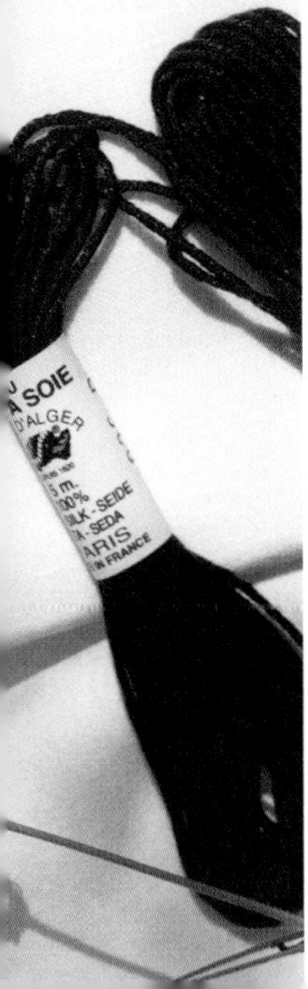

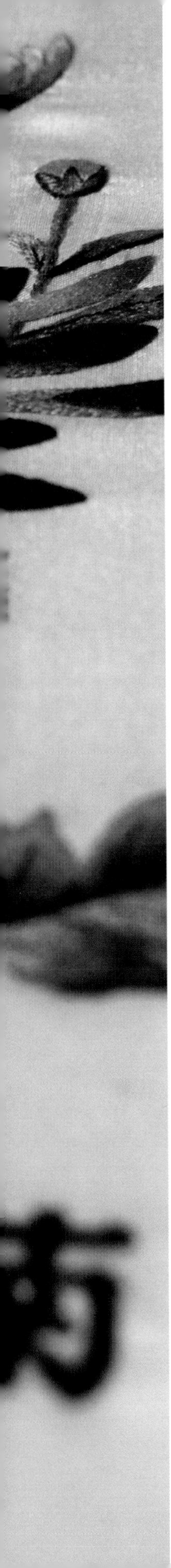

はじめに

真の発見の旅とは、新しい景色を見つけることではない。
新しい見方をするようになることだ。　――マルセル・プルースト

わたしは大きな農業コミュニティーにある農場で育ちました。内気な子どもだったので、だれかと一緒に遊ぶよりも、ひとりで木登りしたり自転車に乗ったりするのが好きでした。絵を描くのは好きで、母の庭から花を摘んでは、何時間も水彩で花の絵を描いていました。学校で裁縫の授業はあることはありましたが、興味は持てませんでした。悲しいくらい不器用で、担任の先生が連絡帳に「パトリシアはがんばっています」としか書けなかったくらいです。美術は好きでしたが、まさかそれが仕事になるとは思いもよりませんでした。昔は、秘書養成学校に行って、仕事について、あわよくば殿方に出会って結婚する、となんとなく考えていました。うれしいことにそうなって、今では37年連れ添う夫との間に立派に成人した創造力豊かな娘が３人います。ところが40歳のとき刺繍に目覚め、人生はまったく新しい方向へ舵を切ることになりました。

これまで刺繍人生のおかげで、夢にも思わなかった驚くような素敵な経験をたくさんしてきました。その中で一番ときめいたのは、キュー王立植物園の美しい植物画を刺繍で再現してはどうか、というお誘いでした。わたしにとってこの本は普通の刺繍本ではありません。大好きな植物画と大好きな刺繍を組み合わせているからです。これは新しいことを発見する楽しい旅でした。植物画の後ろに隠れている探検家や彼らが後世に残した遺産を初めて理解することができましたし、夢のように立派なキュー王立植物園のすべてを知ることができましたから。

本書では植物画のニードルペインティングを紹介しています。わたしの作品のことをご存じの方は、わたしが独学で独自の方法を確立してきたことを知っていらっしゃいますね。経験上、どなたでもわたしと同じ方法で刺繍ができるようになります。初心者も心配しないで挑戦してください。難しいことはありません。ちょっと練習すればすぐにできるようになります。大事なのは自己表現に幅を持たせることです。自分の作品を下手だ、ダメだと言わないこと。刺繍は個性ですから、わたしの作品やお隣さんの作品とそっくり同じにならなくても大丈夫！　楽しいなら上々。自由に刺繍を楽しんで、こうでなければいけない、などとストレスを感じないでほしいと思います。

実践編は、初心者から上級者まですべてのレベルの方たちに対応しています。初めて刺繍をする方は、練習用の図案から始めるといいでしょう。夢中になれそうだったら、思い切って初級編に挑戦してみてください。今まで気づかなかった創造力豊かなご自分に気づいて驚くことでしょう。また経験者は、キュー王立植物園のコレクションが誇る植物画のような後世まで伝わる美しい作品に取り組めることに、喜びを感じるでしょう。

この本に書かれていることは、わたしが以前の本で説明していることと多少違っているかもしれませんが、それは新しいやり方はないか、もっといい方法はないかと日々学び、より良い素材を探した結果です。ご了解ください。本書がインスピレーションや刺激になって皆さんの刺繍愛を育て、刺繍をする皆さんにも、皆さんの周囲の方たちにも、これから先何世代にもわたって喜びがもたらされることを望んでいます。

刺繍をするときには、どうぞ笑顔で。しわ予防と心の安定剤になりますよ。
新しい発見の旅、刺繍の世界をお楽しみください。

Trish

トリッシュ・バー

ニードルペインティングとは?

ニードルペインティング（針絵）は面を埋めていくサーフェス刺繡の技法です。布の上に針と糸で絵を描くようなもので、原画の輪郭をトレースして布に写し、それから原画のイメージを参考にして刺繡で埋めていきます。シルクシェーディング、ロングアンドショート・シェーディング、スレッドペインティングと呼ぶこともありますが、どれも同じ刺繡の技法を表しています。ニードルペインティングで主に使われるステッチはロングアンドショートステッチで、通常は木綿またはシルクの一本どりで刺します。ロングアンドショートステッチで刺すと微妙に色を重ねながら面を埋めることができ、その結果、まるで絵のように実物そっくりに出来上がり、このステッチならではの美しい濃淡が生まれます。

もちろん、刺す箇所によって、これ以外のステッチも適宜必要です。本書では基本的に植物をテーマにしていますので、植物の各部位を刺すときには、本物らしく見えるようにステッチを選ぶことになります。「ステッチについて」（p.20〜29）で詳しく説明します。

必要な用具

〈 布 〉

ニードルペインティングには、リネン／コットン／シルク100％の純天然繊維が理想的です。一般的には、正確に針が刺せるように織目が詰み、刺繡枠にセットしたときに歪まない伸縮性に乏しい生地を選びます。わたし自身はある特定の生地を好んで使いますが、他にも使える生地はたくさんありますので、どれを勧めるということはありません。生地を買うときに気をつけるべきことを以下に挙げます。

・**良質であること：**できるだけ上質な生地を選びましょう。安い模造品には注意してください。一見よさそうに見えても、刺繡が完成したときに、しわが寄ったり、歪んだり、いろいろ問題が起こる可能性があります。

・**天然繊維であること：**可能なら、コットンやリネン、シルクといった100％天然繊維の生地を選びます。合成繊維は避けましょう。

・**織目が細かいこと：**織目の詰んだ生地を選びます。一般的に厚みのある生地は目が粗い可能性があります。また、ガーゼのような半透明で薄く、柔らかくてひらひらするような生地は避けます。こしのあるしっかりした生地なら、刺繡に負けません。迷ったらキルトのコーナーで良質のコットン生地を探してみましょう。

・**伸縮性をテストする：**伸縮性の弱い、または伸縮しない生地を選びます。伸びたり縮んだりする生地だと、刺繡枠にはめたときに歪んでしわだらけになってしまいます。必ず伸縮性のテストをしましょう。繊維の方向に沿って上下左右に引っ張ってみてください。かなり伸びるようでしたら不向きです。硬くて伸びない生地を求めてください。迷ったら何種類かサンプルに買って、使う前に家でテストしましょう。

・**使えない布：**クロスステッチ用の織目を数えながら刺すイーブンウィーブは適しません。織目が粗く、細かく針を刺すのが難しいからです。

リネン

リネンはわたしのお気に入りです。ニードルペインティング用としては、スレッドカウント（織目の密度）の番手が大きく、刺繍に負けない程度の厚みで、織目が詰まって手触りの良いリネンを使います。織目が粗くざらざらした手触りのリネンや、服飾用のリネンは適しません。

長所：リネンはとても丈夫で、水洗いやアイロンで形を整えることができるので、気楽に刺繍ができます。簡単には汚れや傷がつかない強くて丈夫な生地です。

短所：昔シーツやテーブルクロスに使った高品質のリネンは——祖母の時代には刺繍用でしたが——、今では需要がないため商業ベースでは生産されていません。専門店でしか取り扱われていないので、値段が高く、なかなか手に入れられない生地です。

注意点：本書が出版される頃、ベルギー産のプレミアムリネンをトリッシュ・バー オンラインストアで販売する予定です。このリネンほどの高品質ではありませんが、一番近いのはアイリッシュリネンまたはチャーチリネンで、教会用品のオンラインストアで注文できます。

コットン

代々伝えられてきた刺繍やキルトで使われているような良質の綿モスリン（キャラコとも呼ばれます）は、ニードルペインティングに適した生地です。スレッドカウントの番手が小さくても200、横糸縦糸の織りがむらなく均等であれば、刺繍枠にセットしたときに歪みません。綿サテンも使えます。名称は綿サテンですが、純綿生地です。サテンとは織り方を表す言葉です。デニムやポプリンのような綿生地も、適度な厚みで織目が詰んで手触りが良ければ使えますが、合成繊維ではなく綿100％であること、そして伸縮しないことを確かめてください。

長所：綿モスリンは手に入れやすく、リネンに比べると値段も安く、手触りの良さと詰まった織目がニードルペインティング向けです。刺繍の初心者にはおあつらえ向きです。

短所：コットンはリネンに比べるとあまり強くなく丈夫ではありません。歪みやすく、傷や汚れもつきやすい生地です。

注意点：本書が出版される頃、超高品質の200番手の綿モスリンをトリッシュ・バー オンラインストアで販売することになっています。どうしても入り用で出荷を待てない場合には、200番手以上の良質なシーツや枕カバーを購入してください。切れば使えます。まず伸縮性テストをすることをお忘れなく。

シルクサテン

良質の天然シルクドゥピオンもニードルペインティングに使えます。シルクはできれば手織りではなく機械織りのものを求めます。その方がスラブ（不均整な糸）が少なく、仕上がりは美しくなめらかです。厚みは中くらい、混紡や合成繊維ではなく天然シルク100％のものを選びましょう。良質のシルクタフタや天然シルクのダッチェスサテンも問題なく使えます。

長所：シルクは針の通りがなめらかで刺繍するには最高の素材です。色のバリエーションも豊かで、きっちり織目が詰んでこしがあります。ニードルペインティングに適した基布になります。

短所：汚れや傷がつきやすいことに最近気づきました。取りにくいので、刺繍している間に汚れがつかないように気をつけてください。また生地を水洗いするときにも細心の注意が必要です。良質の天然シルク生地は値段が高く、専門店で購入しなければなりません。できればウェディング用の生地を扱う店がいいでしょう。

注意点：アイロンを使って図案を写すことはできません。手描きで図案を写します。

芯地

刺繍に負けない中くらいの厚みで織目の詰んだ丈夫な生地なら、芯地を使う必要はありません。わたしは使いませんが、好みです。使うなら、良質な綿モスリンまたは同等品を選んでください。

長所：基布が薄くて頼りない場合には、芯地で基布に厚みを持たせます。基布の織りが粗い場合には、針がなめらかに通るくらいの硬さにすることができます。

短所：基布と芯地をぴったり揃えるのは難しく、刺繍枠からはずすときにしわができる恐れがあります。刺繍枠にセットするときには、基布と芯地を別々に引っ張ってセットし、しわができないようにします。

〈糸〉

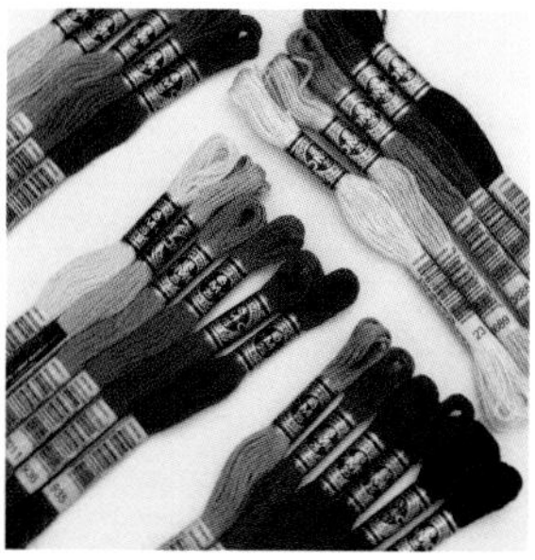

カラフルなDMCストランデッドコットン

オ・ヴェール・ア・ソワのシルク糸

ポリエステルのミシン糸。輪郭を刺すときに使われることがあります。

本書ではDMCやアンカーのストランデッドコットン（木綿の25番刺繍糸）、そしてオ・ヴェール・ア・ソワのソワ・ダルジェ（シルク）を使っています。ストランデッドコットンはオンラインの手芸ストアまたはどこの国でも一般の手芸店で簡単に手に入ります。手芸店ではソワ・ダルジェの糸が全種類揃っていますが、手に入らないときには、163ページの変換表を参考にして、一番近いDMCのストランデッドコットンを使ってください。ただし完全に同じ色ではないので、代替品を使った場合、仕上がりが違ってくることがあります。ご注意ください。

ストランデッドコットン（平糸）

ストランデッドコットンではDMCのものが一番広く使われています。色のバリエーションに富み、ニードルペインティングに最適です。木綿糸は扱いやすく、耐久性があり、変色しにくく、水洗いができ、日の光による色褪せがありません。DMCの糸は最高品質の長繊維綿でできていて、シルケット加工を二度施して他にはない艶を出しています。簡単に分離できる６本の糸をより合わせていますが、特に指定がなければ、通常は１本を引き出して使います。アンカーも良質のストランデッドコットンのブランドで、DMCと一緒に、または代替品として使われることがあります。他のブランドの糸を使う場合には、変色しないか、品質が良いかを確認してください。

・木綿糸やシルク糸の使い方：かせから50〜60cmほど引き抜いたら、より糸を１本分離して切り、針に通します。図案の中で特に指定されていなければ、１本どりで使います。

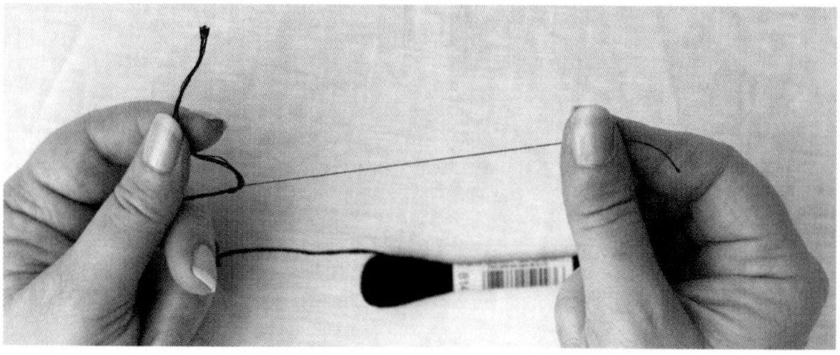

・糸の毛羽：どの糸にも毛羽があり、それが糸の方向になっています。針に糸を通すとき、いつも同じ方向に通せば、糸のすべりは良くなります。毛羽の向きがいつも同じになるからです。

ソワ・ダルジェのシルク糸

フランスのパリからやってきた贅沢な超高級品。適度な光沢があるので、わたしにとっては特別なシルク糸です。本書のニードルペインティングでぜひ表現したいと思う自然の表情を再現するには最適なのです。ソワ・ダルジェは使い勝手がよく、刺している間に指にくっついたり絡まったりすることがありません。最高級の絹紡糸でできているので、他を寄せ付けないほどの均整、光沢、柔らかさを誇ります。ソワ・ダルジェのより糸１本はDMCコットンのより糸1本より若干太いのですが、両方をうまく一緒に使うこともできるし、交互に使うこともできます。簡単に分離できる７本の糸をより合わせていますが、特に指定されていなければ1本どりで使うといいでしょう。シルクの糸は変色しないわけではないので、洗濯が必要となったときにはドライクリーニングに出すことをお勧めします。18ページで説明しているように、蒸気を使うこともできます。

輪郭に用いるポリエステルのミシン糸

輪郭を刺すとき、通常はストランデッドコットンを１本どりで使いますが、ときにはこれでも糸が太すぎたり、場所によってはさらに細かい輪郭が必要になったりすることがあります。そんなときにはポリエステルのミシン糸１本を２本に割いて極細の糸にし、輪郭に用います。まずある程度の長さに切ってから針の尖っていない方の先を糸の端に差し込んで開きます。意外に簡単に２本に分けることができます。そのまま両方を引っ張って２本に割き、そのうちの1本を針に通します。

良質であればどのミシン糸でも使えます。ソワ・ド・パリのようなシルク糸の中には、やはり２本に割いて輪郭に使うことができるものがあります。ミシン糸でもシルク糸でも、図案で示された輪郭用の糸の色調に近いものを選んでください。

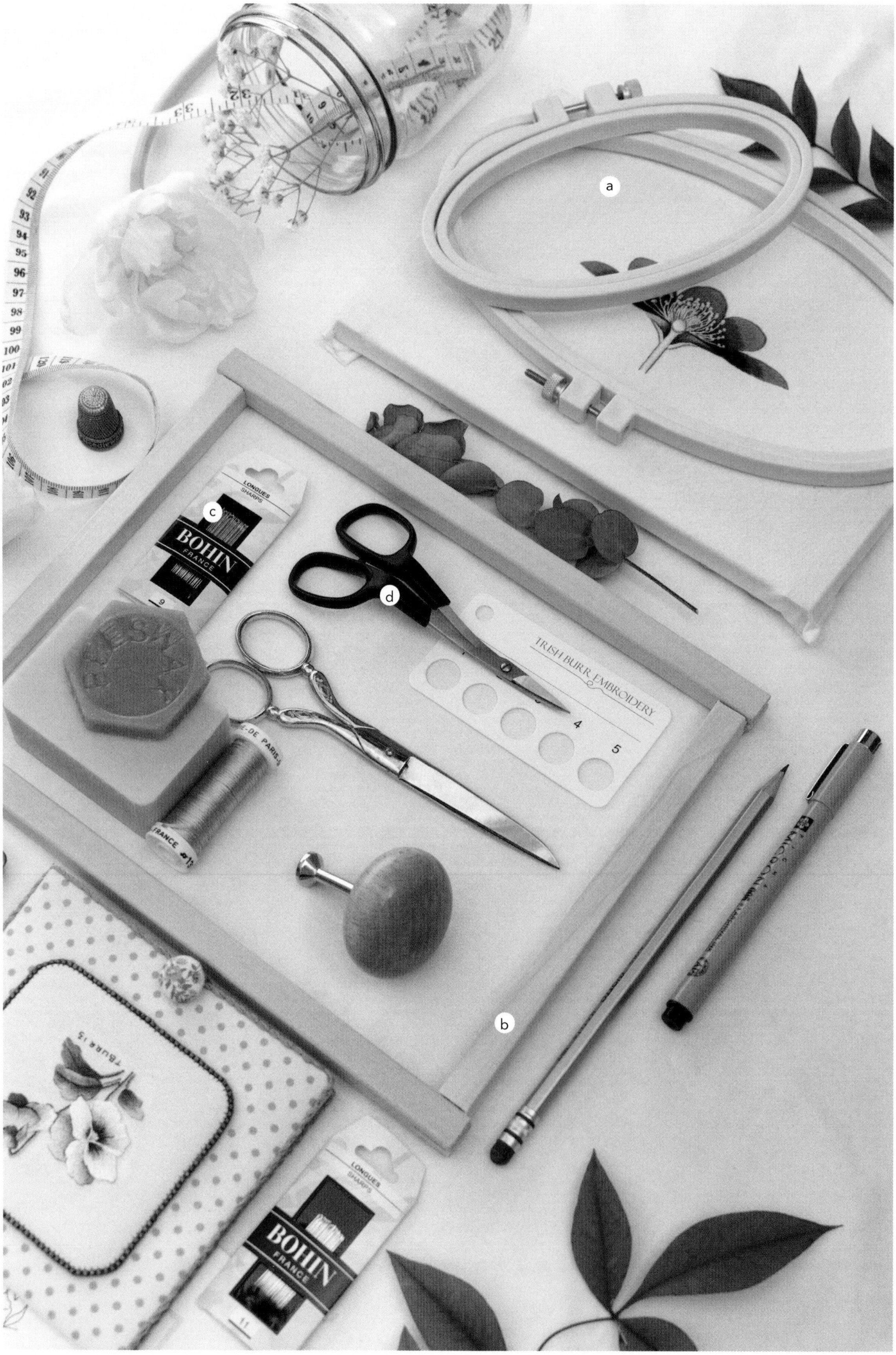
a
c
BOHIN
FRANCE
d
TRISH BURR EMBROIDERY
4
5
b
BOHIN
FRANCE

〈 刺繍枠 〉

スーパーグリップフープ ⓐ

サーフェス刺繍で使う刺繍枠は、スーザン・ベイツ・フープLa™のスーパーグリップフープか同等品がお勧めです。布をしっかり固定し、太鼓の皮のようにきつく張って、刺繍したものにしわがよるのを防ぎます。オンラインストアか手芸店で購入できます。

長所：手早く簡単に、布を太鼓の皮のようにしっかり張ることができます。針を刺しながらでも張り具合は調整できます。

短所：枠の跡が生地に残って、なかなか消せません。これを防ぐには、枠に布を巻くかフープカバーを作るといいでしょう。（p.16参照）

ストレッチャー・フレーム（布張りフレーム）ⓑ

長さの違うストレッチャー・バー二組を組み合わせて、好みのサイズのフレームを作ります。握りやすいように、軽くてできるだけ薄いものを選んでください。軽い、という意味ではイギリスのシエスタ・フレームズやアメリカのエドマンズのようなブランドが理想的ですが、似たようなストレッチャー・フレームであれば、それでかまいません。手に入らないときには、アートショップで絵画用の軽いキャンバスフレームを買ってきて、キャンバス部分を取りはずして使います。

＊ストレッチャー・フレームに布を固定するには画鋲が必要です。頭が平らな金属製がお勧めですが、画鋲セットを購入してもいいでしょう。画鋲を打ち込んだり抜いたりする道具が入っていますから、指が痛くならなくてすみますね。

長所：枠の跡を残しません。刺繍の大きさに合うように組み立てることができ、また繊維の方向に合わせて布をセットしておけます。フープカバーをかけたり枠に布を巻いたりする必要はありません。

短所：伸ばしたり画鋲を刺したりするなど、事前の準備が少し要ります。布の張り具合を調整するときには、画鋲をはずさなければなりません。

〈 針 ⓒ 〉

ニードルペインティングには縫い針が必要です。針穴が丸くて軸が短いので、運針も細かなステッチも楽にできます。サイズは２号から12号、数字が大きくなるほど細く短かくなります。サイズ10号と11号は１本どり、サイズ９号と10号は２本どりで使います。

針穴がよく見えないようでしたら、針穴が長いクルーエル刺繍針９号から11号を使ってもいいでしょう。クルーエル刺繍針は、２本どり以上で刺すような場合には便利です。

わたしはフランスのボアン社の針を使っています。まるで熱したナイフでバターを切っているかのようになめらかに布を通り、変色することも曲がることもないからです。他にジョン・ジェイムズ、リチャード・ヘミング、クローバーのようなブランドの針も使えます。なお、針が変色し始めたら処分してください。また作品ごとに針を新しくしてください。糸や布を傷めないようにするためです。

〈 ハサミ ⓓ 〉

よく切れる小型の刺繍用ハサミを用意しましょう。わたしは貝印のカーブハサミが気に入っています。よく切れるし、ほどくのにも便利だからです。良質なハサミであれば他のブランドでもかまいません。

拡大鏡ライトを使うと、細かなステッチや色の配置がしやすくなります。

〈 拡大鏡ライト 〉

今回のような刺繍では一番大事な道具と言えます。これほどの価値ある投資は初めてかもしれませんね。この道具を使わずにニードルペインティングで細かなステッチを目で追うのは、実際のところ不可能でしょう。ただ拡大するだけで手元が見やすくなるというのは間違い。あまり明るくない場所で暗い手元を拡大して見たところで、何の役にも立ちません。手元を見やすくするには明かりが必要です。明かりと拡大鏡を組み合わせられれば最高。目への負担が軽減されます。自然光またはそれに近い白色光を備えた拡大鏡ライトを用意しましょう。そういうライトなら手元の色が違って見えることはありません。

どんな拡大鏡ライトがいいですか？

…とよく聞かれます。たくさん市場に出ていて迷うからです。買える範囲で一番良い製品を選んでください。これまでたくさんのライトを試しましたが、中には高価なものもありました。今はデイライト社のスリムラインLED拡大鏡ライトを使っています。直径13cmでLEDが21灯です（上の写真参照）。新しいLEDライトはいいですよ。明るい白色光なので手元に影ができず、電球の交換も不要です。刺繍している間、ゆったりと肘掛椅子に座っていたいので、ライトはフロアスタンドにセットして、必要に応じて位置を変えています。テーブルにクランプで設置する型でも置き型でも、フロアスタンドタイプでもかまいません。快適に使えるものを選びましょう。手芸品を扱う信用できるオンラインストアなら、お財布にも好みにも合う拡大鏡ライトがいろいろ見つかります。

何らかの理由で拡大鏡ライトが使えない場合には、必ず明るいところで針仕事をして、手元がよく見えるように読書用メガネ（拡大鏡メガネ）の使用も考えてください。こうしたメガネは拡大率が異なりますので、自分の目に合うものを選びます。すでにメガネをかけている場合には、その上に読書用メガネを重ねて、手元を拡大して見るといいでしょう。

刺繍を始める前に

布の準備

・布を水洗いしてアイロンをかけ、しわを取って縮みを防ぐ処理をしておきます。シルクやサテンは水洗いしないのが望ましいのですが、軽くアイロンをかけることはできます（スチームアイロンは不可）。
・布の縦横二辺の糸をそれぞれ引き抜いて、布目が直角になっていることを確認します。
・布の端をミシンでかがります。またはマスキングテープやスティック糊などのほつれ止めを使って、ほつれないようにします。

手描きで図案を写す

164ページから175ページまでの型紙を使って手描きで図案を写します。
・トレーシングペーパーに図案を写すか、コピーします。
・図案を写したトレーシングペーパーをライトボックスか窓ガラスにのせて、マスキングテープで固定します。
・その真ん中に布を置き、同じく固定します。
・光を受けて図案が見えるので、HBの鉛筆か芯のサイズが0.05㎜の極細のペンで布に写します。

刺繍枠の準備

・枠に布を巻く：刺繍する布を傷めないように、内側の枠に白またはオフホワイトの帯状の布を巻きます。巻き終わりがほどけないように布用の糊を使ってもいいでしょう。

・フープカバー：布に枠の跡がつかないようにするために、カバーを作ります。
・はぎれを用意します。色は白かオフホワイトがいいでしょう。
・真ん中に小さな穴をあけます。
・内側の枠に図案を写した布を置き、その上に用意したはぎれを重ねて置きます。
・図案が枠の真ん中に来るように位置を調整します。
・左図のように、図案が見えるようにはぎれの余計な部分を切り除きます。

布を刺繍枠にセットする場合

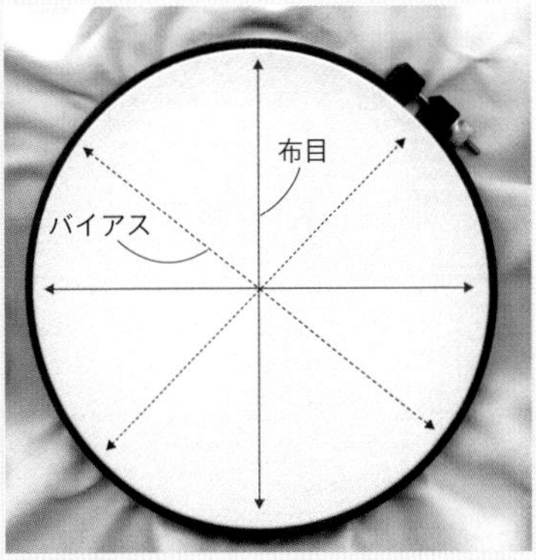

赤い矢印は布目、青い矢印はバイアス。

- 内側の枠の上に、刺繍をする布とカバー布の両方を一緒に置きます。そのときカバー布を上にして切った端が見えるようにします。
- その上に外側の枠を置きます。
- 内側の枠の縁を滑らせるように、外側のフープを下へ押します。
- ねじを締めて布を張ります。布が太鼓の皮のようにピンと張るまで、ねじ締めと布張りを繰り返します。刺繍に使う布は目の詰まったしっかり張れるものを選びます。
- 布を張るときは、右図のように縦横に、布目に沿って引っ張ります。バイアス方向には引っ張らないでください。伸びすぎて、枠から取りはずしたときに歪みが生じてしまいます。

布を四角い枠にセットする場合

- 布を裏返しにしてテーブルの上に置きます（図案が下向きになります）。
- その上に四角い枠を置きます（布の裏側になります）。このとき図案が枠の真ん中にあることを確認しましょう。
- 四方向の布を枠の各辺に乗せて画鋲で留め、布がピンと張るように位置を決めます。
- 布がピンと張るまで必要に応じて調整します。

四角の枠にセットした状態。
刺繍の裏側が見えます。

刺繍を終えたら

刺繍作品を水洗いする

・低刺激の石鹸を使ってぬるま湯で洗います。わたしはオーガニックの固形石鹸を使っています。
・冷水でしっかりすすぎます。
・綿のタオルに挟んで、水分を取ります。
・乾いたタオルの上に裏返しにして置いて、ブロッキング（下で説明します）をしたり、自然乾燥させたりします。

刺繍糸がシルクの場合、色落ちする恐れがあるので水洗いはお勧めできません。ドライクリーニングか、下で説明するブロッキングをしてください。

ブロッキング（仕上げ）

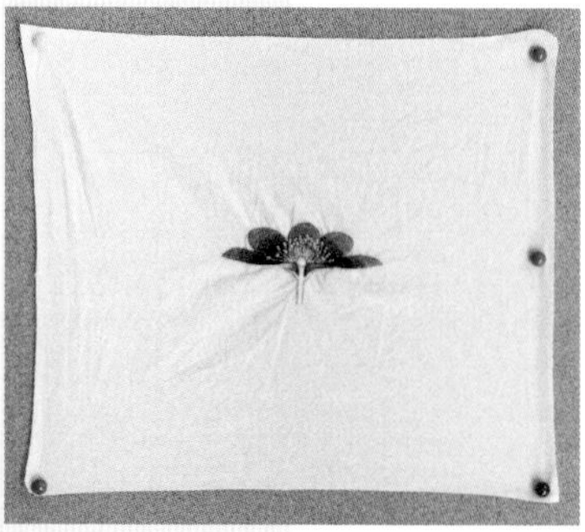

せっかく完成したのに、ひどくしわが寄ったり歪んだり、はたまた消せないような頑固な刺繍枠の跡が残ったり、ということがよくあると思います。出来上がった刺繍をブロッキングすると、簡単に汚れを取ったり形を整えたりすることができます。刺繍糸がDMCのストランデッドコットンであれば水洗いが可能で、これでブロッキングはすみます。シルク糸の場合には水洗いは望ましくありませんが、下記のような方法でブロッキングができます。いずれにしても、コルクか発泡スチロールのボードとマップピンを用意してください。

木綿糸の場合

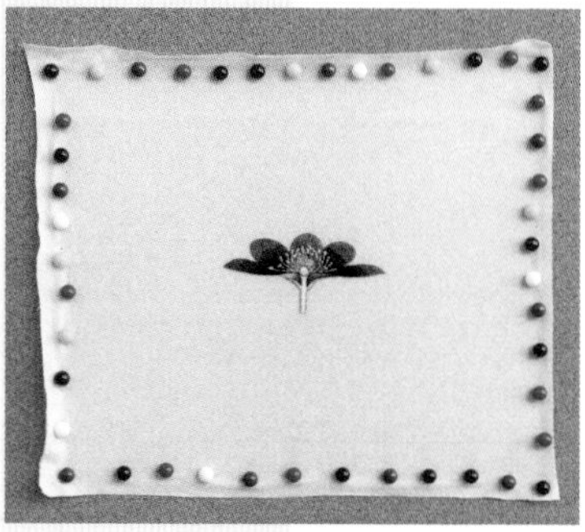

・上記の通り、刺繍した布を水洗いします。
・濡れた布をコルクか発泡スチロールのような平らなボードにのせます。ボードは各辺が直線であるものを使います。
・ボードの直線部分に合わせて刺繍した布をまっすぐに置き、その辺に沿ってマップピンを打ちます。
・同じように残りの三辺でも、布を伸ばしながらマップピンで留めます。布はしわができないようにしっかり伸ばしてください。
・すっかり乾くまでこのままにしておきます。急ぐ場合にはドライヤーを使います。
・マップピンをはずし、必要なら裏側から軽くアイロンで押さえます。

シルク糸の場合

・木綿糸の場合と同じように、コルクか発泡スチロールのボードの上に広げます。
・やかんの蒸気の上に数分かざします。
・自然に乾くのを待ってボードからはずします。
・布の裏側から中温のアイロンをあてます。

ブロッキングをして枠に固定した刺繍。きれいにピンと張った仕上がりになりました。

刺繍した布を固定する

完成した刺繍を額装したり保管したりする前に行なう固定方法です。簡単ですが見栄えします。

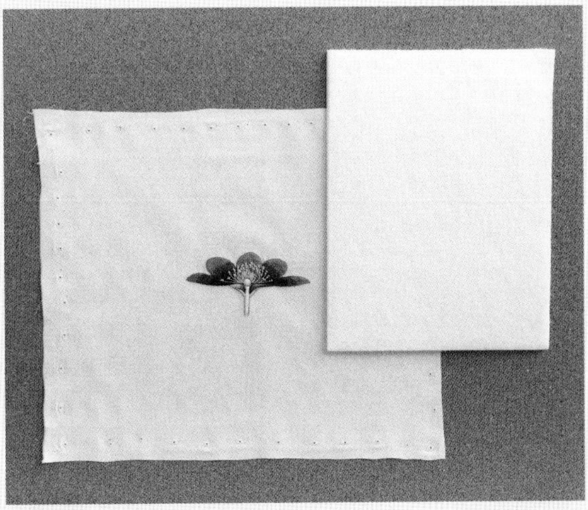

用意するもの

・無酸性ボードまたはスチレンボード
・フェルトまたは薄いキルト芯
・接着剤
・刺繍用テープまたは無酸性両面テープ
・マップピンまたは画鋲
・アーチストテープまたはマスキングテープ

手順

・ボードを必要な大きさに切ります。フェルトまたはキルト芯も同じ大きさに切り、ボードの上に接着剤で貼り付けます。
・刺繍した布の裏にボードのキルト芯を貼った面を合わせて、刺繍がボードの真ん中になるように置きます。
・表に返してピンまたは画鋲をボードの上の一辺に沿って布の上から刺し、ボードと布の位置を固定します。
・ボードが上になるようにひっくり返し、ボードの左右どちらかの辺に両面テープを貼ります。布を引っ張って両面テープに貼り合わせ、固定します。
・同じように反対側の辺も貼ります。布を引っ張り、しわができないようにテープに貼り合わせます。上下の二辺も同じように貼ります。ボード上で布にしわができないように、しっかり引っ張ってください。必要に応じて布の位置を調整してください。
・裏側の布の縁はアーチストテープやマスキングテープで留め、裏側もきれいに整えます。これで固定できましたので、いつでも額装ができます。

ステッチについて

ニードルペインティングで植物を描くのに最適なステッチは、ロングアンドショートステッチ、スプリットステッチ、フレンチノットステッチ、サテンステッチ、ブリオンステッチの５種類です。

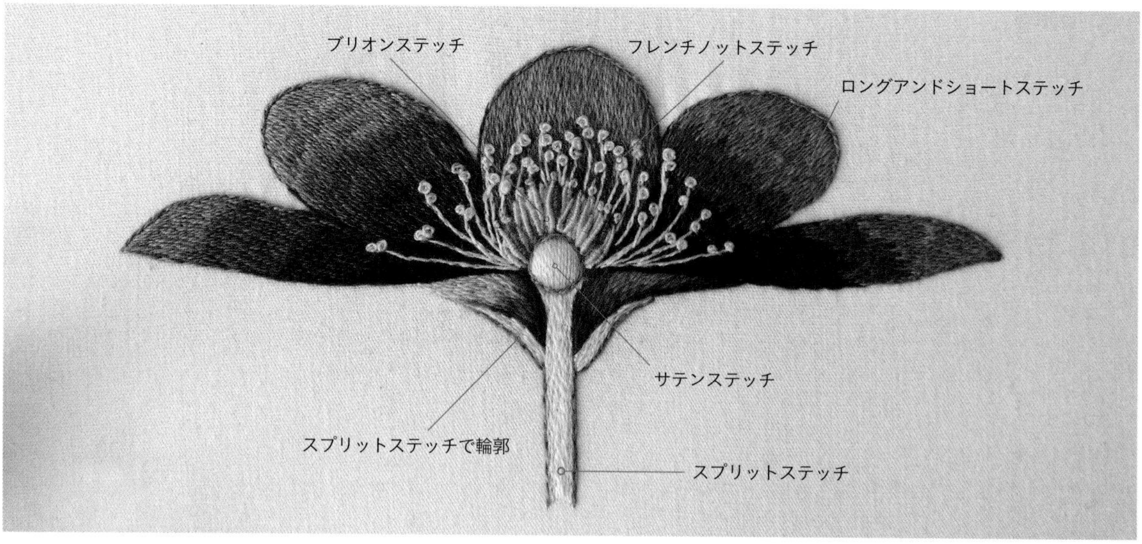

糸の止め方

この方法では、見た目も手触りもでこぼこにはなりません。玉結びはしないでください。

手順

- 図案の端で、Aから針を出し、Bに針を入れ、小さく針目を作ります。糸の端は少し残しておきます。
- すぐ横でまた針目を作ります。Cから針を出し、最初の針目の真ん中Dに針を入れます。
- Dに針を入れたら糸を引っ張ります。糸はしっかり止まっているはずです。残しておいた糸を切り取ります。
- 刺し終わるときや色を変えるときには、裏側の針目数針分の下に針と糸をくぐらせて糸止めとします。

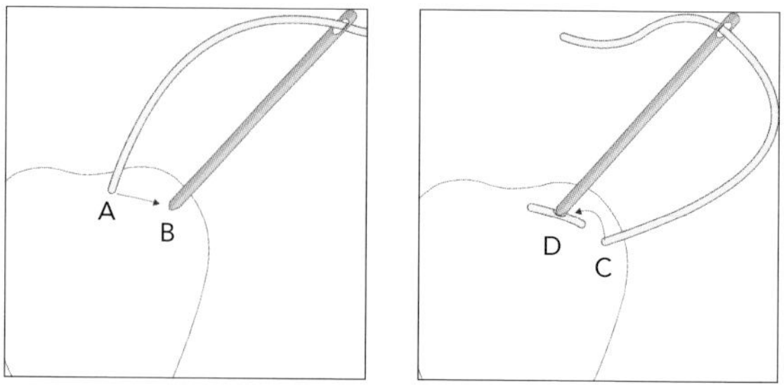

ロングアンドショートステッチ

ロングアンドショートステッチは針目を並べて刺すステッチです。徐々に針目を重ねて面を埋め、針目の列ごとに色を少しずつ変えて、緩やかな色の変化を作り上げます。このグラデーションが、ロングアンドショートステッチの代名詞である美しいシェーディングを生みます。どんな図案も埋められるし、一つの図案の中の個々のパーツを趣を変えて刺すこともできます。このあと、詳しく説明します。

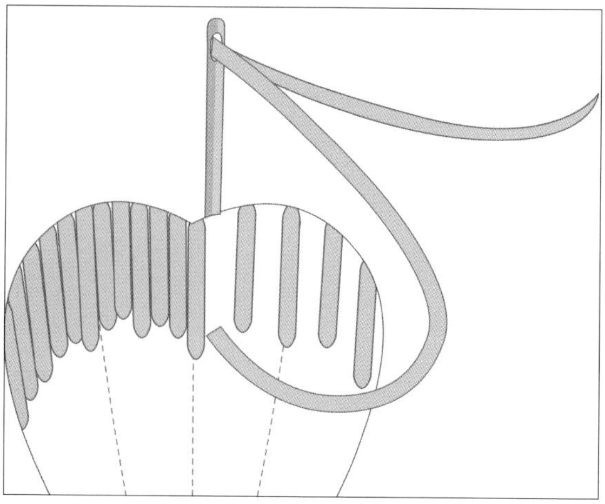

基本：単純な花びらの図案を使って

ロングアンドショートという言葉は紛らわしく、むしろサテンステッチを長さを揃えずに刺すと言った方が近いでしょう。ですから、長い針目と短い針目を同じ列の中に並べるとは考えないことにします。各列の針目は、その前列の針目にかかるように刺していきます。

手順

一列目：図案の真ん中から始めて、脇に向けて刺し進めます。糸は一番明るい色調のものを使い、不規則な長さで図案の形に刺していきます。これがこのあとの針目の方向を決めます。それぞれの針目の長さは約1cmで、Aから出してBに入れます。図案に沿ってロングアンドショートステッチでこの列の隙間を最後まで埋めていきます。第一列の針目は次の列の土台になるので、ぴったりとくっつけて刺してください。

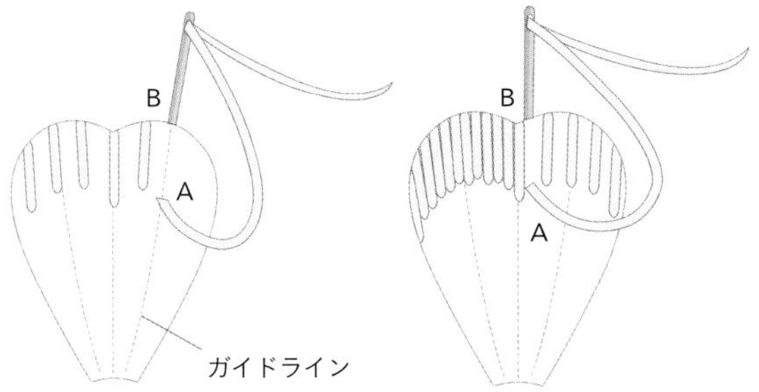

二列目：布の向きを180度変えて、反対側から針目を見ます。二番目の色調の糸を針に通し、前列と同じように不規則な長さで刺していきます。前列の針目の下からAへ針を出し、布の上Bに入れます。前列の針目の下から上へ針を出すのがコツです。針目の上から針を入れるとボツボツと穴があいて、針目が雑で不揃いに見えてしまいます。
図案に沿ってロングアンドショートステッチでこの列の隙間を最後まで埋めていきます。針目は図案に合うようにガイドラインに乗せます。以下の列も、糸の色調を順に変えて、同様に刺します。

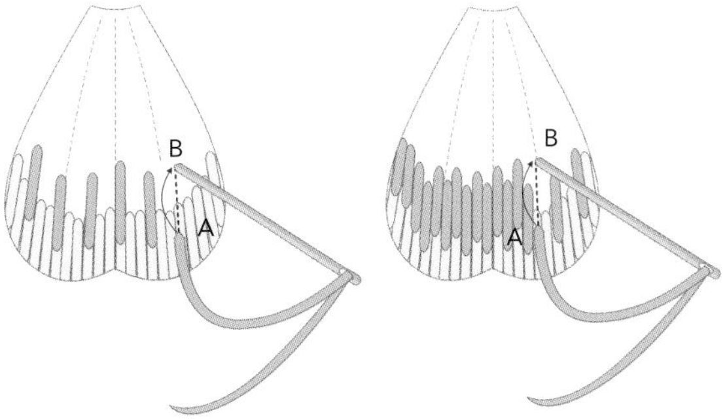

ロングアンドショートステッチ用のガイドライン

ロングアンドショートステッチのシェーディングは、必ずしも直線的になるとは限りません。時には図案の向きに沿うように針目をずらして、より自然に見えるようにすることもあります。たとえば花びらを見ると、たいていは軸に向かって細くなっていきますね。ガイドラインを描くとどこへ針を刺せばいいかがわかって楽です。HBの鉛筆で右の例のように印をつけてみましょう。

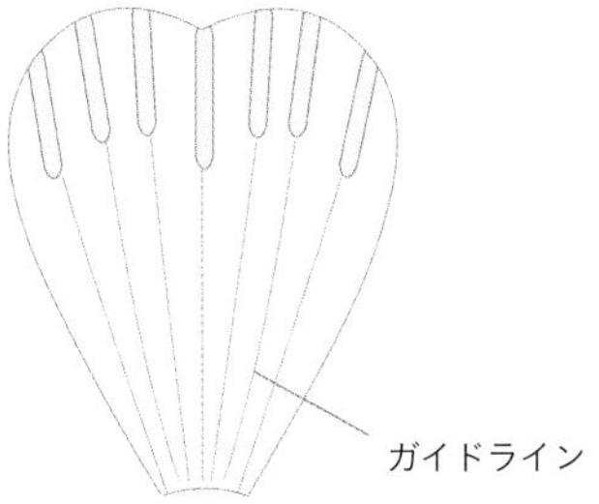

ロングアンドショートステッチのコツ

できれば広いところから始めて、狭いところへ進めます。針目の数や長さを増やしていくより減らしていく方がずっと簡単だからです。図案の性質上、そのようにはできないこともありますが、一般的には広いところから狭いところへ針を進めると楽です。

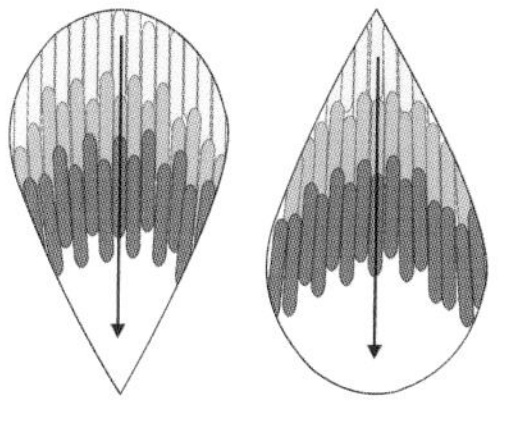

○　×

色調が緩やかに混ざっていくように、どの列も針目の長さを揃えずに刺します。きっちりした行儀のよい針目にならないようにしましょう。針目の列がまっすぐで揃って見えたら、戻って不規則な針目を加え、変化をつけます。

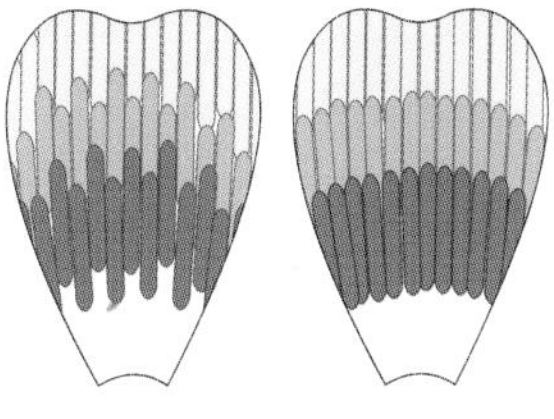

○　×

各列、特に第一列は、しっかり密に埋めて、針目と針目の間に隙間ができないようにします。密に埋めないと、次の列に進んだときに下から刺せる針目がなくて、隙間にしか刺せなくなってしまいます。隙間を見つけたら、戻って一針二針加えて埋めてください。

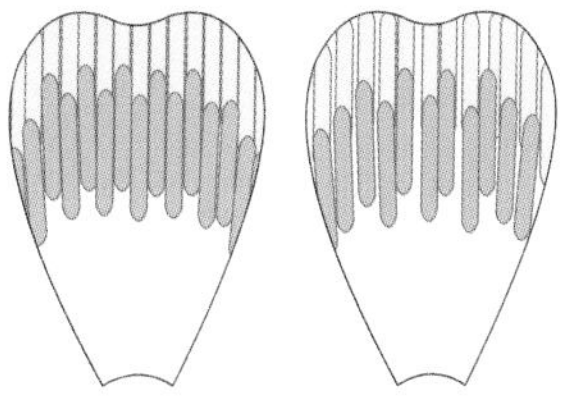

○　×

各列の針目は隣同士平行にしてください。図案に合わせるために針目の傾きを少しずつ変えなければならないこともありますが、いきなり傾きの角度を変えることはできるだけ避けます。出来上がりが汚く見えてしまうからです。

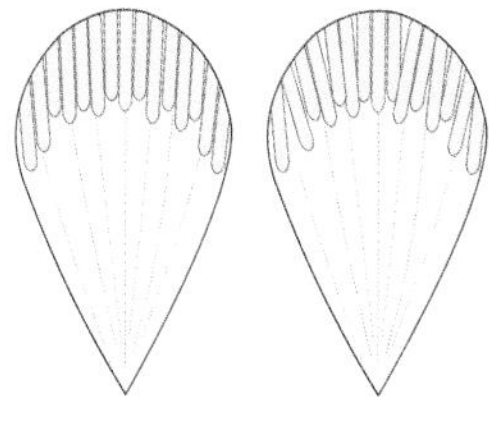

○　×

ロングアンドショートステッチの練習

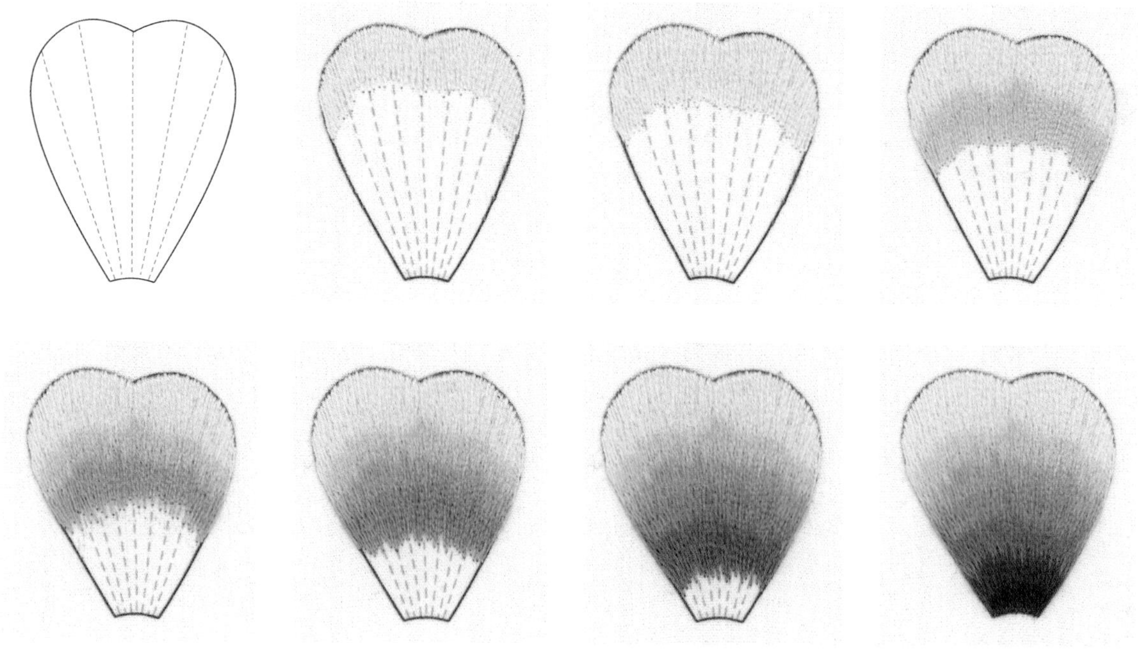

刺繡初心者の方は、ロングアンドショートステッチの基本から始めましょう。この花びらの図案をHBの鉛筆ではぎれに写し、ガイドラインを何本か描いて、ロングアンドショートステッチで埋める練習をしてください。どんな色でもかまいませんが、明るい色調から暗い色調まで５つの色を使います。上の写真はその段階を追ったものです。参考にしてください。初めはきれいに刺せなくても気にしないように。少し練習すれば上手になりますから。

花を刺す

まず一番下の花びらを刺し、そのあと順々に上の方の花びらへ進みます。花びらの一枚一枚がはっきり区別できるように、輪郭をスプリットステッチで刺してもいいでしょう（p.30参照）。花びらはそれぞれ、下の図のように先端から付け根に向かって埋めていきます。

菊

複雑な図案の花びら

花びらが重なったり不規則な形になったりしているときにどのように刺すか、その例を下に示します。まず花びら一枚一枚の輪郭を刺し、そのあとで下の方の花びらから上の方の花びらへと針を進めているのがわかりますね。

めくれている花びら：

先に花びらの表側を刺し、そのあとでめくれている部分を刺します。

- ・p.21の手順にしたがって、花びらの表側をロングアンドショートステッチで埋めます。
- ・めくれている部分の輪郭をスプリットステッチで刺します。長めのストレートステッチでめくれたところが少し盛り上がるようにパディング（下刺し）をします（p.32〜33参照）。
- ・このパディング（下刺し）とスプリットステッチの輪郭の上に、ロングアンドショートステッチを重ねます。面が狭くて難しければ、サテンステッチでもかまいません。

葉を刺す

葉の中央を走る葉脈の両側を、ロングアンドショートステッチで埋めます。まず縁から始め、中央の葉脈に向かって刺していきます。片側が終わったら、戻って反対側を刺します。中央の葉脈はスプリットステッチで刺します。

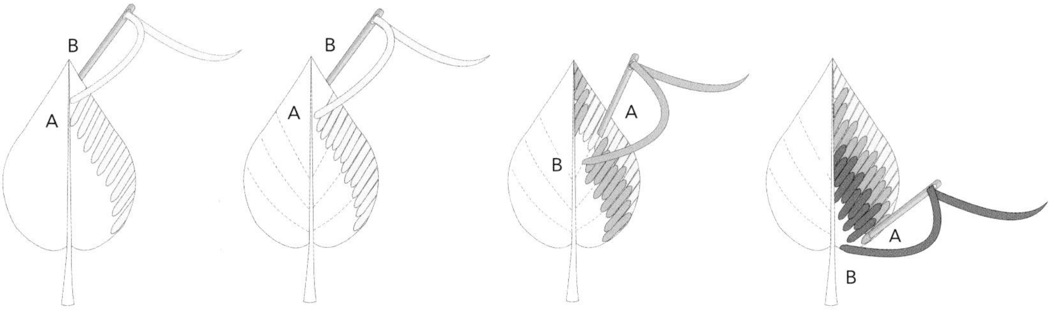

単純な図案の葉：
針目を整えるためにガイドラインを描きます。中央の葉脈の両側を、ガイドラインに沿って縁から内側へ、ロングアンドショートステッチで埋めていきます。中央の葉脈はスプリットステッチで刺します。

不規則な図案の葉：
不規則な図案の場合は、部分部分に分けて刺すと楽です。左の図の赤い線のように、鉛筆でいくつか部分分けの印をつけてもいいでしょう。そうして先ほど説明したように、縁から始めて中央の葉脈に向かって刺していきます。全部を埋めたら、中央の葉脈と輪郭をスプリットステッチで刺します。

小さな図案を刺す

つぼみや萼《がく》のような小さな図案を２色以上の色調で埋めるときには、全色を使おうとして針目を短くするようなことはしないでください。明るめの２色で図案をしっかり埋めてから、その上に暗めの色調を数針、ストレートステッチで加える方法をとります。右図を参考にしてください。

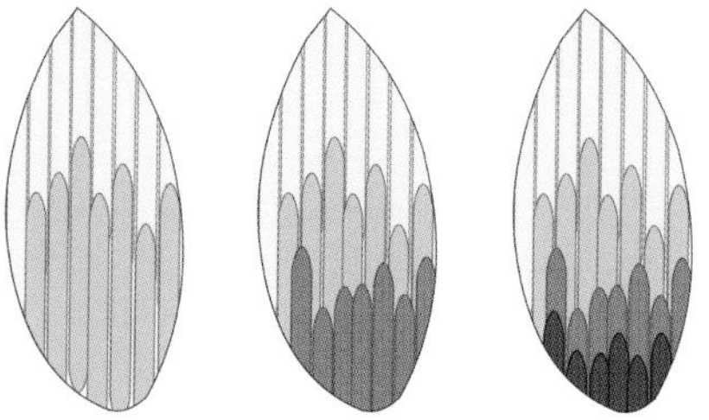

光と影を表わす

どんな物にも光は当たり、明るい光の部分、暗い影の部分を作ります。光と影がないと、物は平坦でつまらなく見えます。刺繍に実物のような三次元の趣を出すには、光と影も表現する必要があります。右の図は、左上から光が差すときの例です。この場合、左上部分が明るく、右下部分が暗くなります。

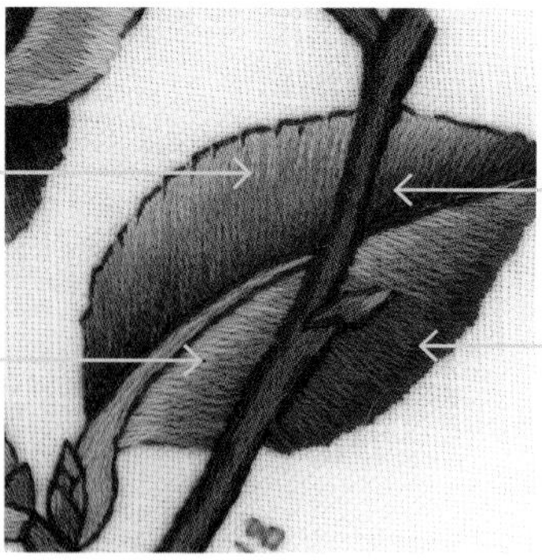

色を変化させる

一般的に考えられるのと違って、ロングアンドショートステッチのシェーディング自体はなめらかではありません。各列の針目が前列にかぶるので、少し持ち上がった感じになります。一見シェーディングがなめらかそうに思えるのは、色がなめらかに変化しているためです。色調を正しく合わせれば、色が溶け合って輝いて見えます。以下に大事なポイントを説明します。

●色調を正しく合わせる

明から暗へシェーディングするとき、明暗は違っても色合いは同じにしてください。そうすれば色はなじみやすくなります。たとえば、ペールピンクからミディアムピンクやダークピンクというようにコントラストを変えると、きれいに見えます。けれども唐突に色合いを変えてしまうと、おかしく見えます。右の図を見てください。上は青の色調を上手に合わせた例、下はあまり上手にはできなかった例です。上の図を見ると、同じ淡い青紫色系の色合いで、色がきれいに変化していますが、下の図では、淡い青紫色から紺青色へ色合いが急に変わったため、シェーディングの連続性を台無しにしてしまいました。原因としては、糸の銘柄を途中で変えたこと、または違う染色ロットを使ったことが考えられます。染色ロットが変わると同じ色になることはほとんどありません。

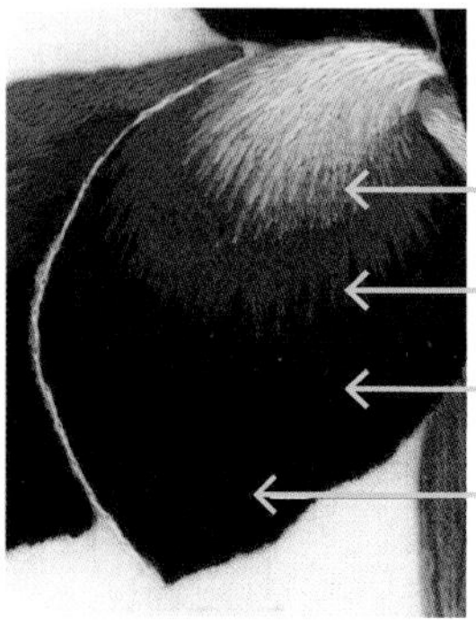

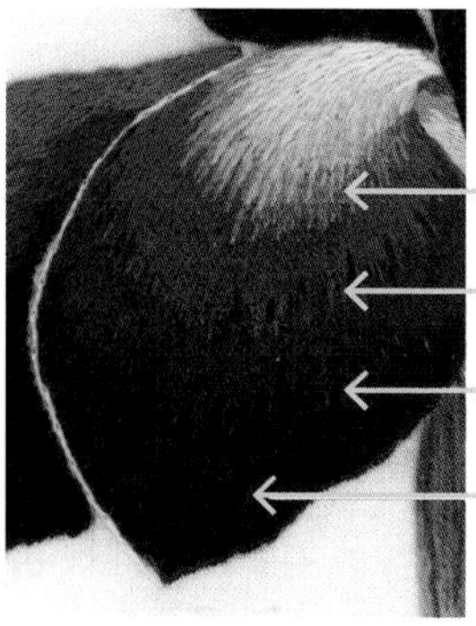

●色調のバランスをとる

シェーディングできれいに配色すると、針目がとてもなめらかに見えるようになります。バランスよく配色する方法は、簡単に言うと下の図で示すように、全体の３分の２を明るい色または中程度の明るい色で、３分の１を暗い色で埋めることです。

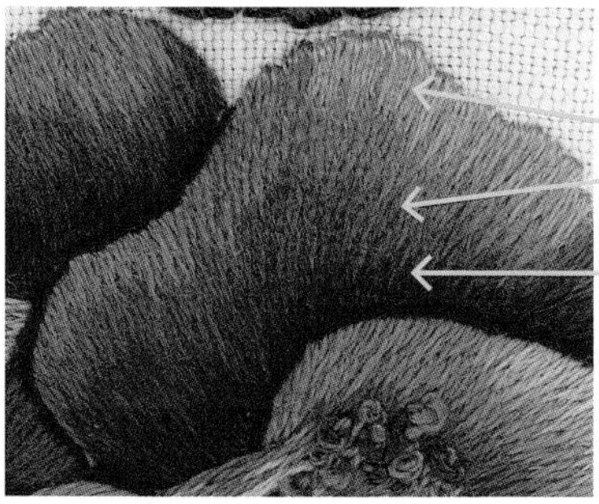

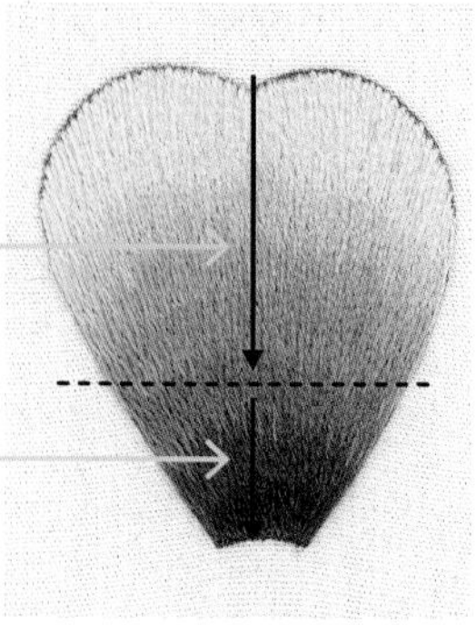

スプリットステッチ

ロングアンドショートステッチを刺す前にスプリットステッチで輪郭を刺して、図案の形をはっきりさせておきたいときがあります。花びらが重なっているときには特に役に立つ方法で、それぞれの花びらの端がそこが輪郭だとわかるように少し盛り上がって、一枚一枚の花びらを際立たせます。

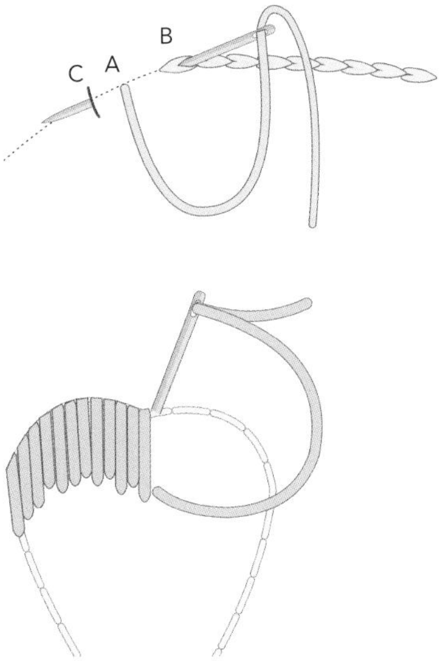

手順：
図案の輪郭をスプリットステッチで入れます。このとき糸は１本どりにしますが、図案がとても大きいときには２本どりにして、輪郭が盛り上がるようにします。ロングアンドショートステッチはスプリットステッチの輪郭の上にかかるように刺して、図のように輪郭がすっかり見えなくなるようにします。また図案を刺し終えたあと、その周りにスプリットステッチで輪郭を改めて加えて際立たせることもできます（p.30参照）。

スプリットステッチで面を埋める：
茎のような図案を埋めたり、ロングアンドショートステッチで埋めるには狭すぎたりするときには、右の写真のようにスプリットステッチを使います。

手順：
スプリットステッチを縦に並べて刺します。その隣にもう一本、縦に並べて刺します。こうして隣へ隣へと縦に並べて刺していって図案を埋めます。スプリットステッチの並びの中で、縦方向でも横方向でも色調を明から暗へと変えて、下の例のように陰影を出すこともできます。

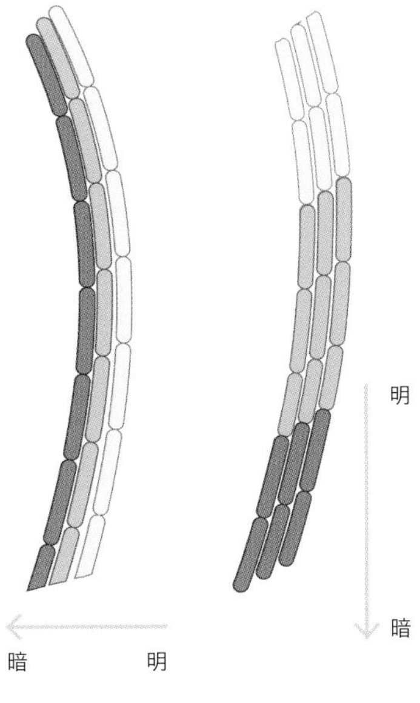

フレンチノットステッチ

質感を出すときに使うステッチです。花の中心部や花粉、タネを表現するのに便利です。色調を変えて刺すと、陰影やグラデーションが表せます。

手順

- 糸は1本どりで2回巻き。Aから針を出して、針に糸を2回巻きつけます。
- Aのすぐ近くのBに針を突き刺します。
- 針を突き刺した状態で糸をしっかり引っ張ると、布の上に玉ができます。そのあと針を布の裏へ出せば、玉の完成です。

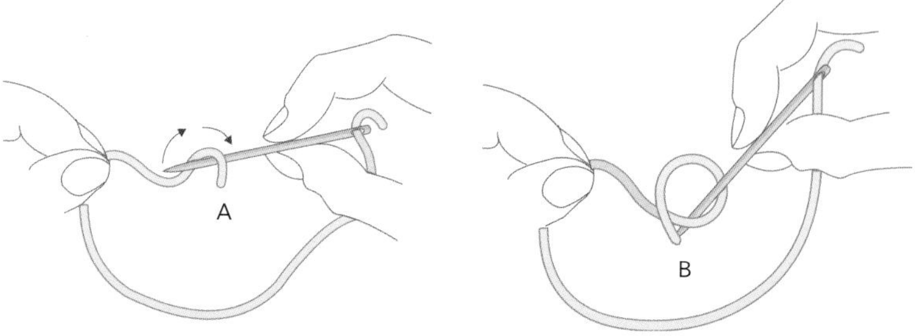

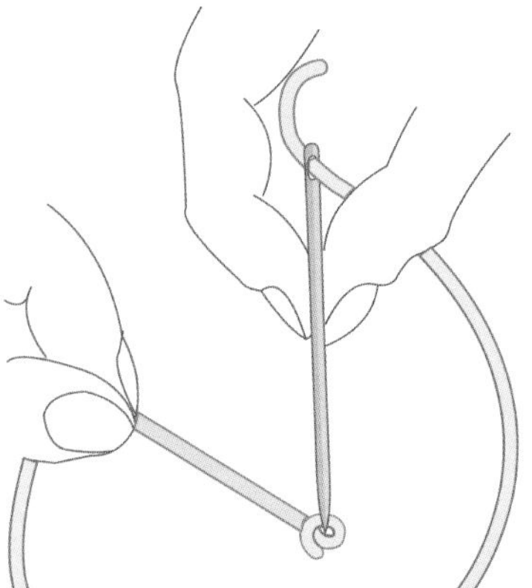

サテンステッチ

直線の針目を平行に並べて面を埋めます。図案が小さくてロングアンドショートステッチが難しいときや、表面をなめらかに仕上げたい図案のときに使います。

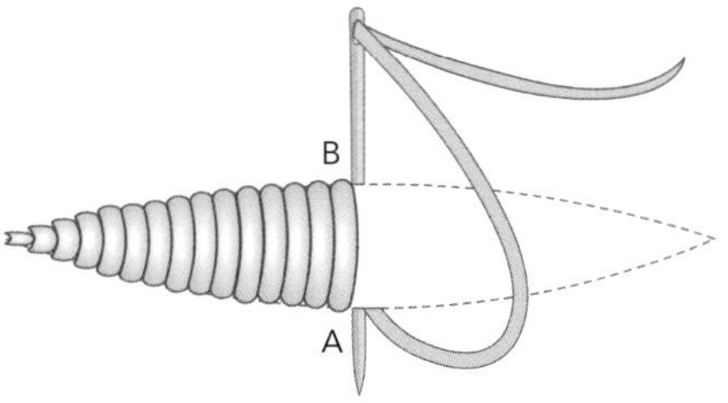

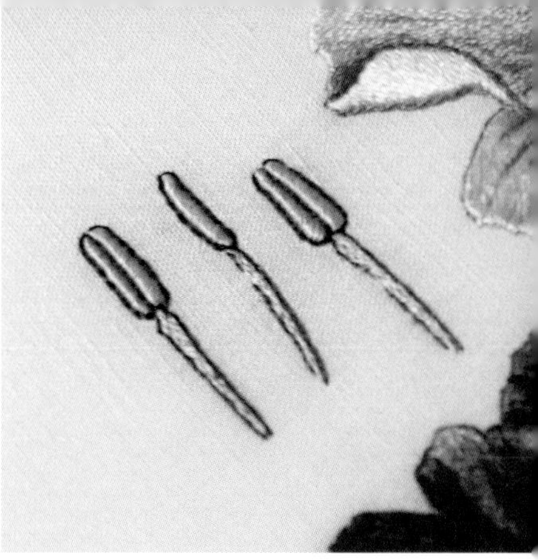

手順

針目の方向を決めるために、図案の端から少し離れたところで刺し始めます。針は図案の下側Aから出し、上側Bへ入れます（右図）。端の残った数針分は、あとで戻って埋めます。針目が平行になるように図案全体を埋めていきます。

ブリオンステッチ

コイルのような形を作るステッチです。おしべの葯《やく》のような部分を表したいときに使います。ブリオンステッチを刺すときには、刺繍枠やフレームにセットした布を緩める必要があるので注意してください。そのためわたしは、たいていブリオンステッチをあと回しにして最後に刺しています。

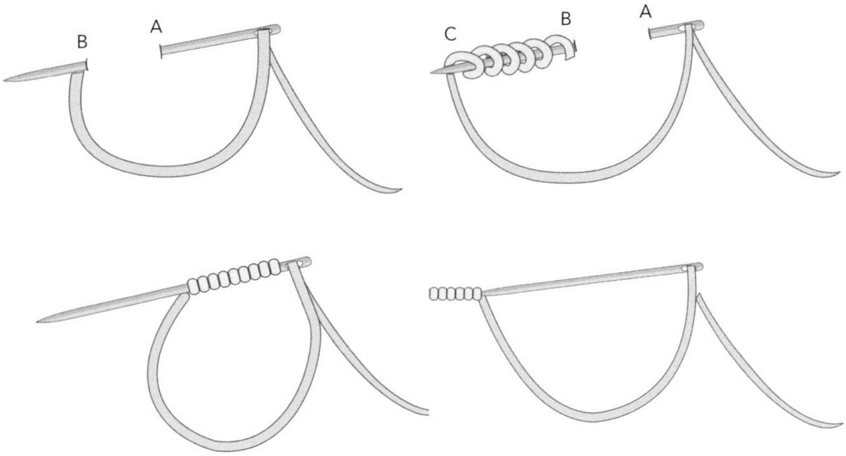

手順

- Bから針を出し、Aへ入れます。このBからAの長さが刺そうとするブリオンステッチの長さになります。Aへ入れた針を４分の３だけBから出し、糸を長くループ状にして残しておきます。
- Bから出した針の先にループ状に残した糸を反時計回りに巻きます（図のC）。何回巻くかでブリオンステッチの玉の数（コイルの巻き数）が決まります。
- 針を押してコイルの形からそっと引き抜きます。同時にコイル状のステッチの形を整えます。
- 針を完全に引き抜いたら、コイルの頭の方を持ち上げひっくり返して手前に移動させ、糸を引っ張りながら形を整えます。針をAから再び入れて布の裏へ通して完成です。BからAの位置にステッチが収まります。

ステッチの練習

刺繍初心者の方は、スプリットステッチ、サテンステッチ、フレンチノットステッチ、ブリオンステッチを刺せるようにしておきましょう。線をはぎれに写して、1本どりで刺してください。1本どりではやりにくかったら、２本どりでもかまいません。最初はきれいに刺せなくても気にしないように。少し練習すれば上手になりますから。

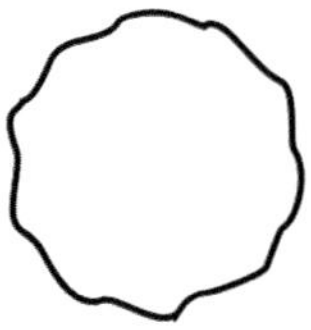

輪郭を入れる

輪郭は、細部を描いたり図案をくっきり見えるようにしたり、
図案の部分部分の違いを際立たせたりするのに効果的です。輪郭を入れると本物らしく見えるようになり、
見栄えがして趣が添えられます。下に輪郭を入れる前と後の例を並べています。違いがわかりますね。

輪郭を入れる前と後

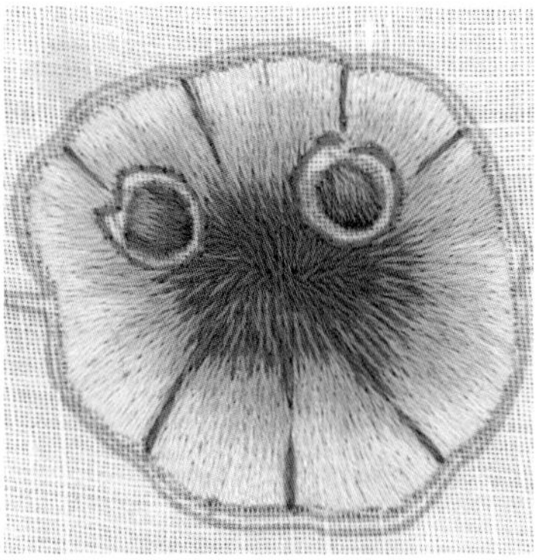

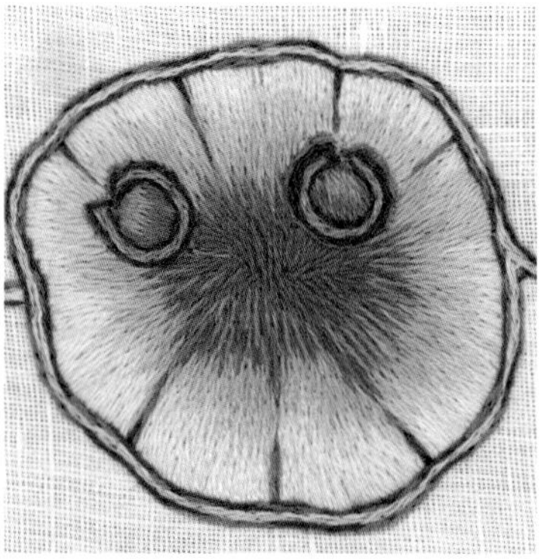

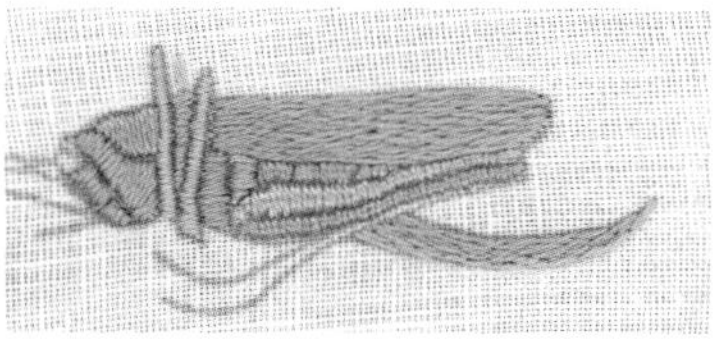

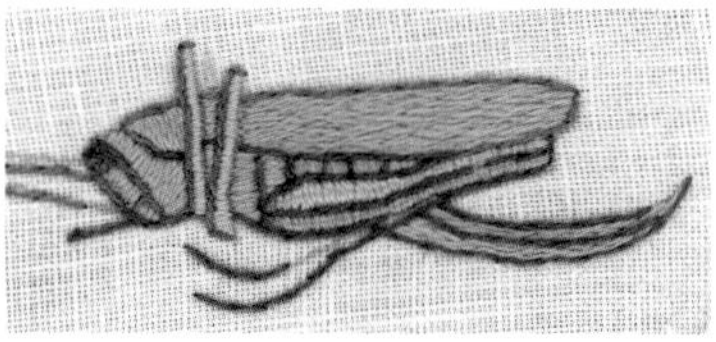

図案の一部に輪郭と細かな描写を加えて、くっきり見えるようにしました。ハチの羽の模様を足し、ローズヒップの蕚《がく》に細かなうぶ毛を足しています。

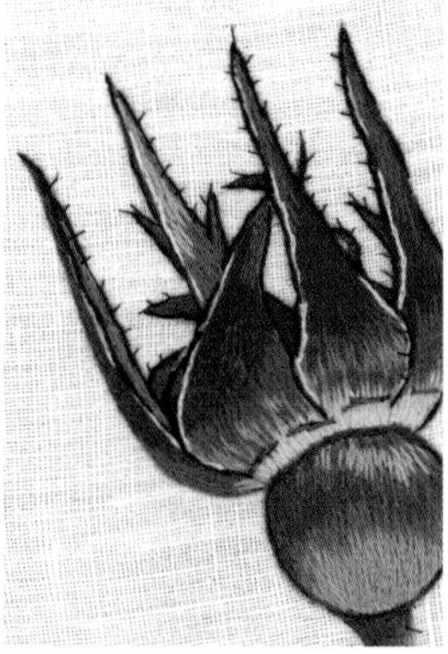

手順

輪郭は刺繍の中で主張してはいけません。気づくか気づかないかくらいがいいのです。そのためには糸を1本どりにしますが、とても繊細な輪郭が求められるのでしたら、ポリエステルのミシン糸を2本に割いて使います（p.13参照）。実線で刺していくより、右の例のようにときどき針目をとばすのがいいでしょう。その方がより自然に見えます。糸の色は、たとえばダークグリーン（右の例）かダークブラウン（上の例）のように濃い目にします。黒は強すぎるので使いません。

立体的に見せる ―― レイズドワーク刺繍

刺繍が立体的に見えるようにしたいときには、ロングアンドショートステッチや
サテンステッチの下にパディング（下刺し）をします。すると図案が布の上に浮き出て見えるようになります。
刺繍が浮き出ると自然にうっすらと影ができ、ますます本物のように見えてきます。
花のつぼみや萼《がく》、タネ、めくれた花びらのような図案に使うと、特に効果的です。

ロングアンドショートステッチの下にパディングする

まず針目の長いストレートステッチで図案をパディングし、その上にロングアンドショートステッチを刺します。このときのパディングは、一層または二層程度にしてそれ以上には重ねない方がいいでしょう。厚すぎるとロングアンドショートステッチの針を通すのが大変になるからです。

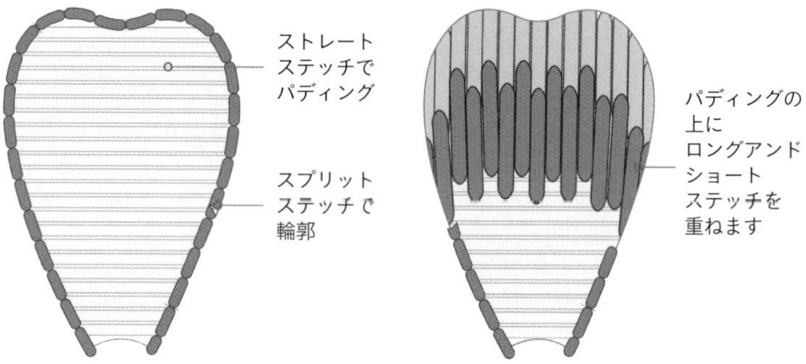

手順

・スプリットステッチで図案に輪郭を入れ、パディングがはみ出さないように範囲を決めます。
・図案をストレートステッチで埋めます。これをパディングと言います。右の図に示すように、ロングアンドショートステッチの方向に対して直角に刺してください。
・パディングの上にロングアンドショートステッチを重ねます。このときスプリットステッチの輪郭も隠れるように刺します。

つぼみ（上）とバラのつぼみの萼《がく》（下）の例。パディングしてから、その上にロングアンドショートステッチを重ねています。

サテンステッチの下にパディングする

手順

・スプリットステッチで図案に輪郭を入れて、パディングがはみ出さないように範囲を決めます。
・図案をストレートステッチで埋めてパディングします。サテンステッチの方向に対して直角に刺してください。サテンステッチの場合、パディングは三層まで重ねることができます。
・パディングの上にサテンステッチを重ねます。このときスプリットステッチの輪郭も隠れるように刺します。

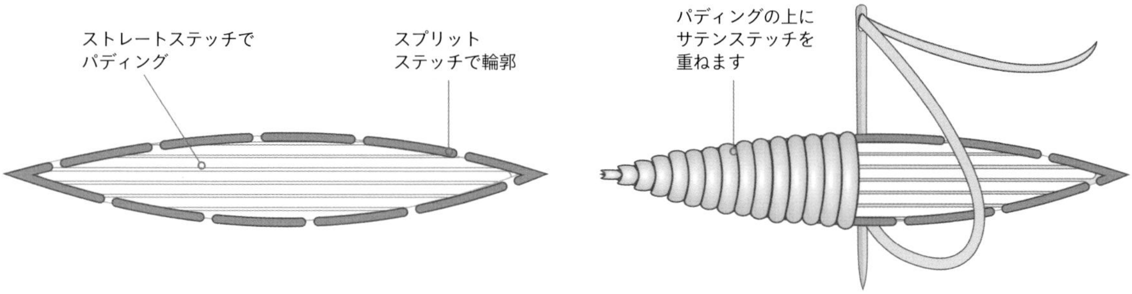

ブラックベリーの例。パディングしてからその上にサテンステッチを重ねています。
実の一粒一粒をパディングしてからサテンステッチを刺しているので、粒が浮き出て見えます。

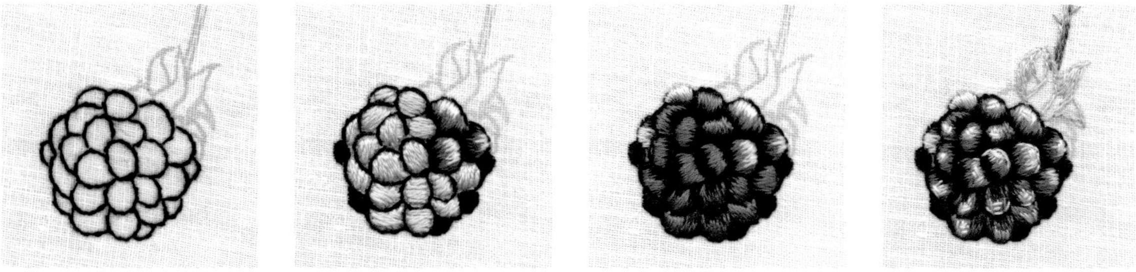

花の構造について

花の部位名称および花の構造を確認しておきましょう。
実践編で使われている用語の理解に役立ててください。

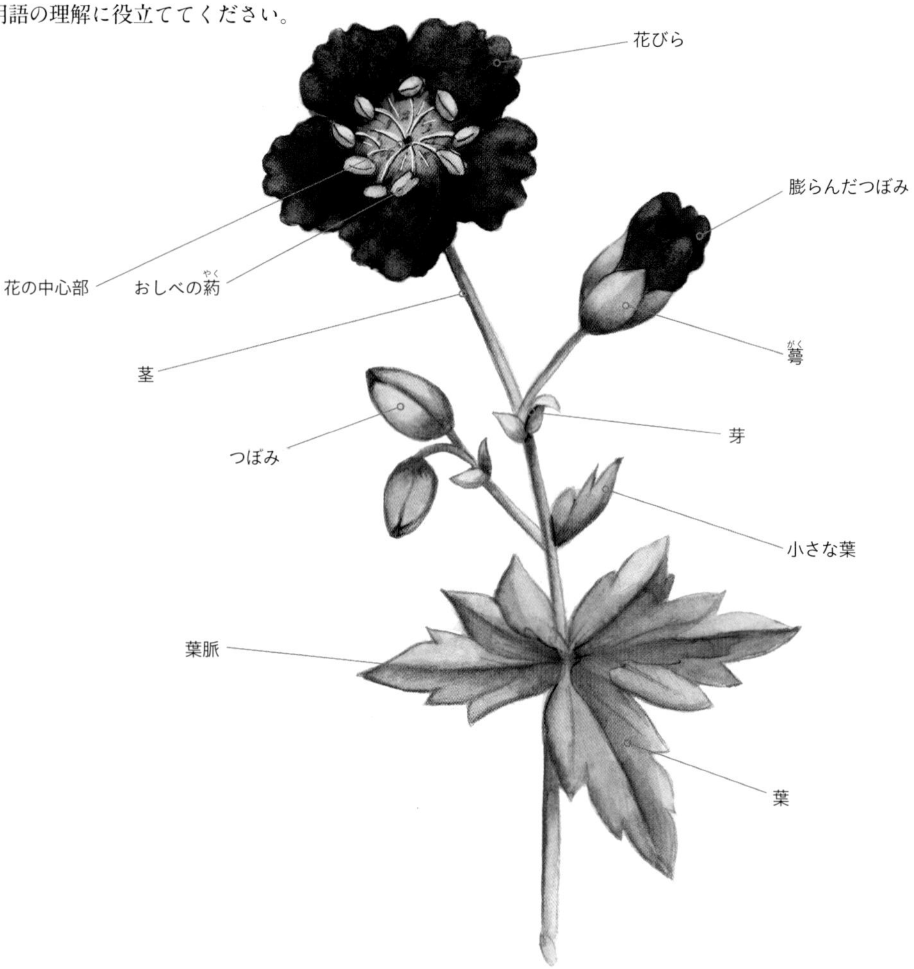

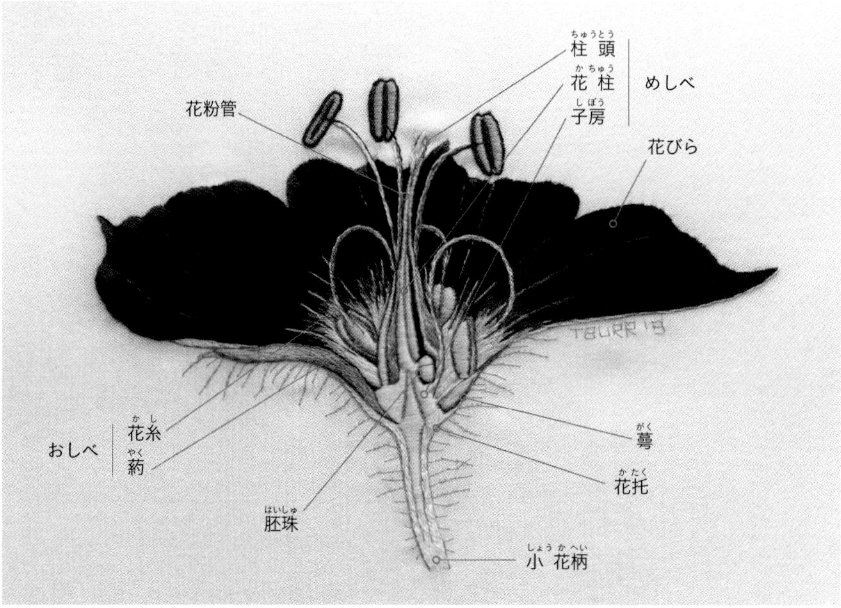

刺繡を始める前にアドバイスをいくつか

・手をきれいに洗いましょう。
・刺繡したものを汚さないために、白い綿の袋か枕カバーに入れて保管しましょう。
・刺繡の布は刺繡枠にはめて、いつもピンと張りましょう。
・ゆったりと座って、休憩時間をとることを忘れないようにしましょう。首や肩が凝らないように、刺繡枠を持つ側の脇の下に小さいクッションを置いてみてください。腕や肩が楽になります。
・ときどき針を置いて、離れたところから作品を眺めてみましょう。拡大鏡の下で大きくして見るより、本当はどんな感じに見えるのかがよくわかります。
・失敗したかなと思ったら、スマートフォンで写真を撮りましょう。写真にするとうまくいかなかったところにすぐに気づいて、手直しすることができます。ニードルペインティングの良いところは、一度刺繡したところの上からステッチを重ねることができたり、ほどかずに修正できたりすることです。ほどくなんて、ほんとに面倒！
・音楽をかけたり、ポッドキャストやオーディオブックを聴いたり、映画を観たりしながら、刺繡タイムを楽しみましょう。

SIMPLE PROJECTS

初級編

STARTER PROJECT
初心者向け図案

シュウメイギク
Anemone Japonica

図案トレース：トリッシュ・バー

実物大

作品のサイズ　7.5×8.5cm

用意するもの
・刺繍用の布　28×28cm
・糸。次ページのリスト参照。
・スーパーグリップフープまたは
　ストレッチャー・フレーム（15.25cm）

刺し始める前に

・図案を布に写します（p.16とp.164参照）。
・布を刺繍枠に取り付けます（p.17参照）。

刺し方

p.40からp.43の手順に沿って刺しましょう。

THREAD LIST

DMC25番刺繍糸
11
23
27
33
34
35
581
742
744
935
3041
3042
3347
3348
3362
3363
3364
3608
3609
3689
3740
3819
3826
3834
3835
3836

STEP 1 茎
スプリットステッチを細かく並べて埋めます。

STEP 2 つぼみ
ロングアンドショートステッチで埋めます。スプリットステッチで輪郭を入れます。

STEP 3 花びら
スプリットステッチですべての花びらに輪郭を入れます。ロングアンドショートステッチで埋めます。

STEP 4 花びら
ロングアンドショートステッチで埋めます。

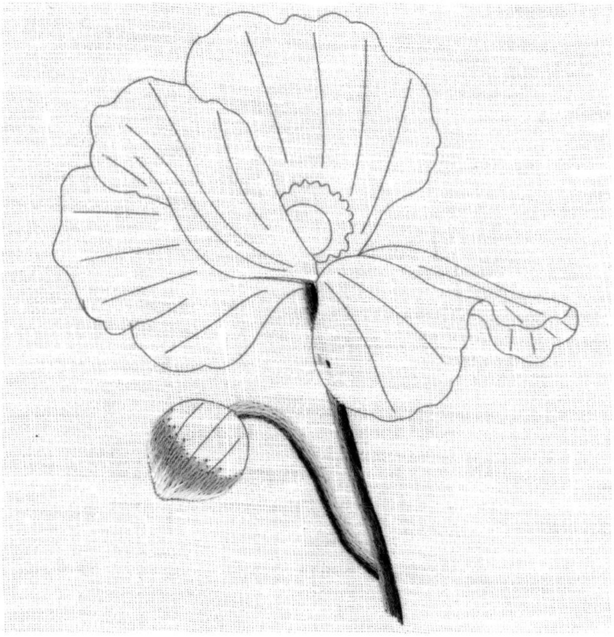

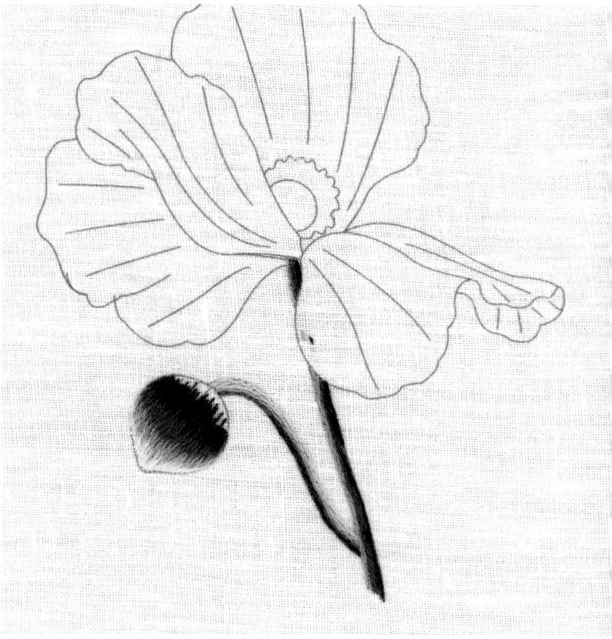

STEP 3　**花びら**
ロングアンドショートステッチで埋めます。

STEP 4　**花びら**
ロングアンドショートステッチで埋めます。

STEP 3 **花びら**
ロングアンドショートステッチで埋めます。

STEP 4 **花びら**
ロングアンドショートステッチで埋めます。

STEP 5 **花びら**
ロングアンドショートステッチで埋めます。

STEP 6 **花びら**
それぞれの花びらを、裏側も含めてロングアンドショートステッチで埋めます。最後に改めてすべての花びらにスプリットステッチで輪郭を加えます。

STEP 7　花の中心部

7a　1本どり、2回巻きのフレンチノットステッチで中心部を粒で埋めます。

7b　中心部の周りにラインを並べて刺します。その上に1本どり、2回巻きのフレンチノットステッチで粒を加えます。右の写真を参考にしてください。

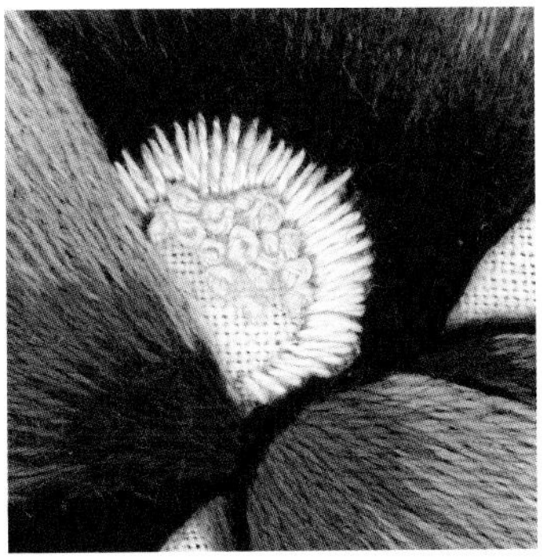

FLOWER SAMPLER
花の刺繍サンプラー

レイチェル・ペダー=スミス氏の「マゼンタフラワーライン」と呼ばれる絵をベースにした刺繍サンプラーです。小さなモチーフが18ありますが、全部をまとめて刺繍してもいいですし、一つずつ刺繍してもいいでしょう。それぞれの刺し方については、このあと個別に説明します。46〜93ページの手順に沿ってください。

全部を刺繍するときは、個々のモチーフで刺繍枠を使いますが、刺している間にもその周辺がいつも見えるようにしておきます。刺していない余分な布は巻き上げて、仮止めしてまとめ、邪魔にならないようにしておきます。最初のモチーフを仕上げたら刺繍枠をはずし、次のモチーフ２点を刺繍枠にセットして、必要に応じて布を巻き上げます。これを繰り返してサンプラーを完成させます。すべてが終わったらしわを取るために、大きなボードにのせてブロッキング（仕上げ）をします（p.18参照）。

作品のサイズ　12×68㎝

用意するもの
・布　35×90㎝
・糸。それぞれの図案で指定されたもの。
・スーパーグリップフープ（20㎝）

刺し始める前に
・図案を布に写します（p.16とp.164〜167参照）。
・布を刺繍枠に取り付けます（p.17参照）。
・刺していく順に刺繍枠を移動させ、余分な布は巻き上げます。
　巻き上げた布を仮縫いして留めておいてもいいでしょう。

1 2 3 4 5 6 7 8

9 10 11 12 13 14 15 16 17 18

1 ヤグルマギク
Centaurea Cyanus

THREAD LIST

DMC25番刺繍糸

209	3013
372	3363
520	3609
554	3787
3011	3835
3012	

刺し方

実物大

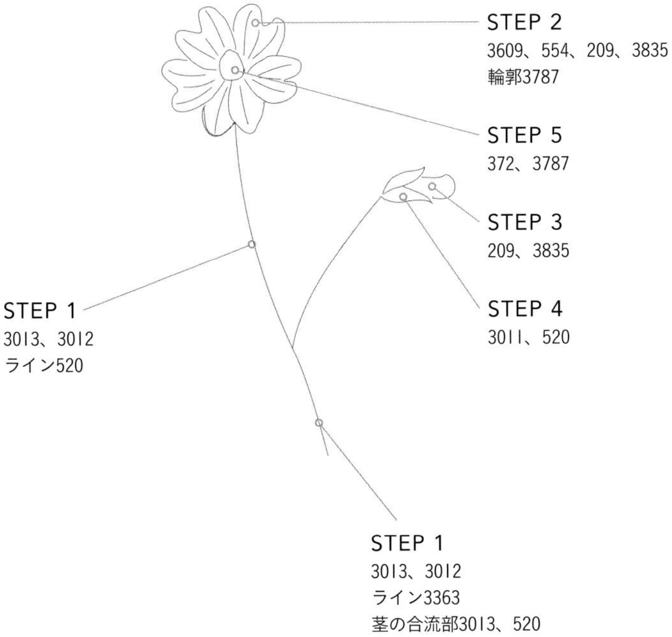

STEP 1　茎
スプリットステッチを細かく並べて埋めます。

STEP 2　花びら
ロングアンドショートステッチで埋めてから、スプリットステッチで輪郭を入れます。

STEP 3　つぼみ
ロングアンドショートステッチで埋めます。

STEP 4　萼《がく》
ロングアンドショートステッチで埋めます。

STEP 5　花の中心部
写真を参考にしてロングアンドショートステッチとフレンチノットステッチで埋めます。
輪郭はすべてスプリットステッチで入れます。

2 エンドウ豆（莢《さや》）

THREAD LIST

DMC25番刺繍糸

610　3781
844　うぶ毛646または
3011　ポリコットン
3013　（ポリエステルと
3371　木綿の混紡）

刺し方

実物大

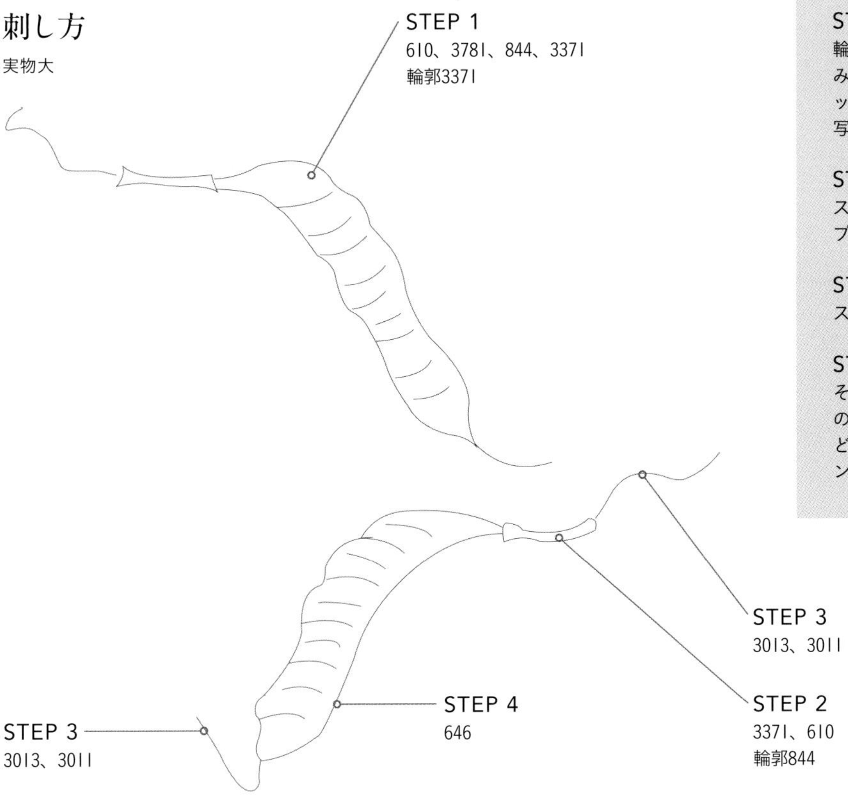

STEP 1 莢《さや》
輪郭をスプリットステッチで入れます。膨らみ部分はそれぞれロングアンドショートステッチで埋めます。間に暗めの色を足します。写真を参考に、片側に輪郭を加えます。

STEP 2 茎
スプリットステッチで埋めてから、やはりスプリットステッチで輪郭を入れます。

STEP 3 巻きひげ
スプリットステッチで埋めます。

STEP 4 莢《さや》のうぶ毛
それぞれの莢の片側にだけ、小さい十文字状のうぶ毛を刺していきます。糸は646を1本どり。または似た色調のポリコットンのミシン糸を2本に割き、極細にして使います。

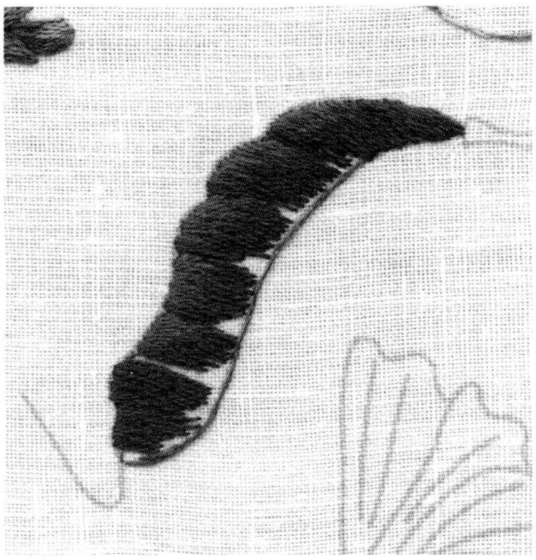

3 ユルティナマキバジャノメ

Maniola Jurtina

THREAD LIST

DMC25番刺繍糸

435
436
437
646
738
975
3371

3823
3826
3855
ライン434または
ポリコットン
（ポリエステルと
木綿の混紡）

刺し方

実物大

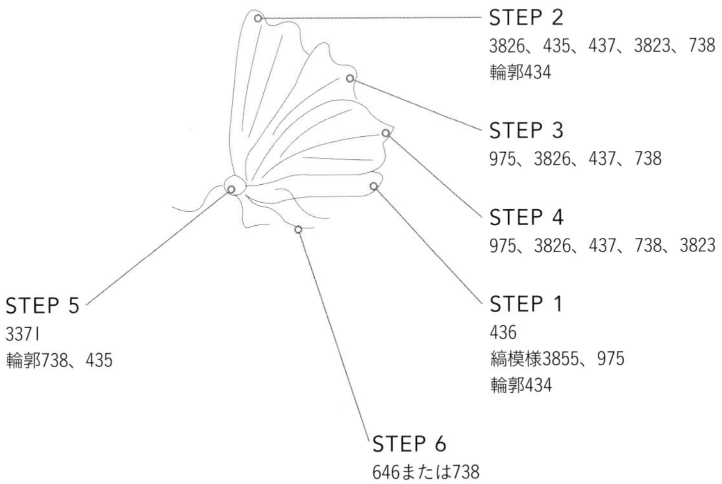

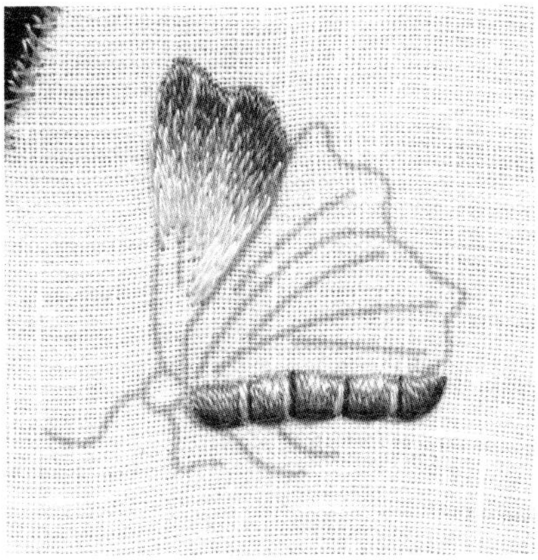

STEP 1　体

各節をパディングしてからサテンステッチで埋め、ストレートステッチを入れて縞模様を作ります。

STEP 2　奥の羽

ロングアンドショートステッチで埋めます。

STEP 3　間の羽

ロングアンドショートステッチで埋めます。

STEP 4　手前の羽

ロングアンドショートステッチで埋めます。

STEP 5　頭と眼

２回巻きのフレンチノットステッチで眼をつけます。その周りに738と435でストレートステッチを刺します。

STEP 6　脚と触角

スプリットステッチで埋めます。

ライン、輪郭、翅脈《しみゃく》

スプリットステッチ。糸は434を１本どり。または似た色調のポリコットンを２本に割き、極細にして使います。

4 ブラックベリー
Rubus Fruticosus

THREAD LIST

DMC25番刺繡糸

310	522
317	611
372	3011
415	3013
520	3021
BLANC	3781

刺し方

実物大

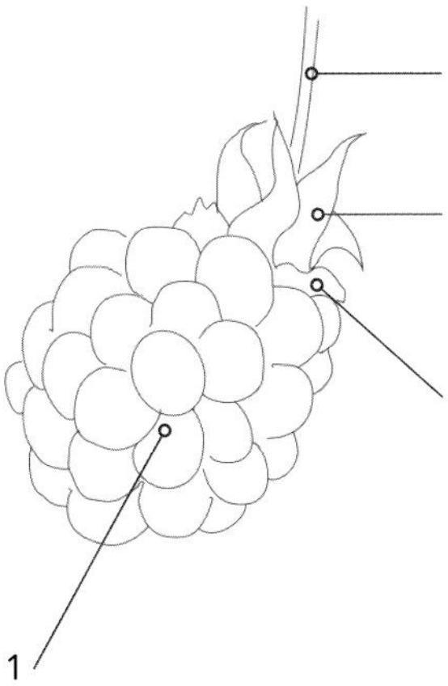

STEP 2
3013、611、3781

STEP 3
3013、3011、522、520
輪郭3021

STEP 4
372、3781

STEP 1
415、BLANC、310、317

STEP 1 ブラックベリー

310で輪郭を入れます（スプリットステッチ）。粒ごとに415の１本どりでパディングをし、その上を317のサテンステッチで埋めます。明るいところ（ハイライト）は415とBLANCを刺します（針目を小さく）。310で影を加えます。

STEP 2 茎

スプリットステッチで埋めます。ストレートステッチでトゲを二つ足します。

STEP 3 萼《がく》

ロングアンドショートステッチで埋め、そのあとスプリットステッチで輪郭を入れます。

STEP 4 粒

372と3781のフレンチノットステッチで葉の下に粒を加えます。糸は１本どり、２回巻き。

5 レッドキャンピオン
Silene Dioica

THREAD LIST

DMC25番刺繍糸
数字の前にDをつけて表示
150
320
3013
3021
3052
3053
3350
3363
3687
3688
3787

Anchor25番刺繍糸
数字の前にAをつけて表示
66
73
74

刺し方

実物大

STEP 4a
A66、D3350

STEP 4b
D150、D3350、D3688、A73、
A74

STEP 4e
D150、D3350、D3687、D3688、
A74

STEP 5
D3013、
輪郭D3021

STEP 3
D3013、D3053、D3052、D320
輪郭D3787

STEP 4c
D150、D3350、D3688、A73、
A74

STEP 4d
D150、D3350、D3687、D3688、
A74

STEP 2
D3013、D3053、D3052、
D3363、D320
輪郭D3787

STEP 1
D3013、D3053、D3052、
D3363、D320
輪郭D3787

STEP 1 茎
スプリットステッチを細かく並べて埋めます。茎の右側には、暗めの色調のラインをスプリットステッチで入れます。

STEP 2 萼《がく》
スプリットステッチを細かく並べて埋めます。さらにスプリットステッチで輪郭を入れます。

STEP 3 花托《かたく》
区分けした部分ごとにロングアンドショートステッチで埋め、そのあとスプリットステッチで輪郭を入れます。

STEP 4 花びら
花びら一枚ごとに、縁から中心部へ向かってロングアンドショートステッチで埋めていきます。スプリットステッチで輪郭を加えます。

STEP 5 花の中心部
ストレートステッチで埋めます。フレンチノットステッチで先端に小さい粒を加えます。

6 クロタネソウのシードヘッド（花殻）
Nigella Damascena

THREAD LIST

DMC25番刺繍糸
150
152
154
223
310
315
352
402
415
754
778
801
844
902
945
3021
3023
3350
3371
3687
3688
3712
3778
3803
3857

刺し方

実物大

STEP 1 茎

スプリットステッチを細かく並べて埋めます。

上図および右図：下側の花びら２aから２gまで

STEP 2　下側の花びら

aからgまでの花びらをそれぞれ、ロングアンドショートステッチで埋めます。中央の花脈の両側とも、外から中央に向かって刺していきます。中央の花脈をスプリットステッチで刺し、輪郭と細かな花脈もスプリットステッチで刺します。

STEP 3　上側の花びら

ロングアンドショートステッチで埋めます。スプリットステッチで輪郭を加えます。

STEP 4　花の中心部

区分けした部分ごとにロングアンドショートステッチで埋めます。面が狭くて難しい場合にはサテンステッチで埋めます。輪郭はそれぞれスプリットステッチで入れます。色の配置や細部はp.56の拡大した写真を参考にしてください。

上図：上側の花びら
右図：上側の花びらおよび花の中心部

STEP 5　中心部の回り
いろいろな色調でラインを入れます。上の３枚の写真を参考にしてください。

STEP 6　中心を支える部分
ライン一本一本をスプリットステッチで埋めます。右の写真を参考にしてください。

7 キンギョソウ

Antirrhinum Majus

THREAD LIST

DMC25番刺繍糸 数字の前にDをつけて表示		Anchor25番刺繍糸 数字の前にAをつけて表示
150	962	27
451	963	28
452	3021	29
522	3371	59
601	3685	
602	3687	
603	3726	
611	3803	
779	3860	
938		

刺し方

実物大

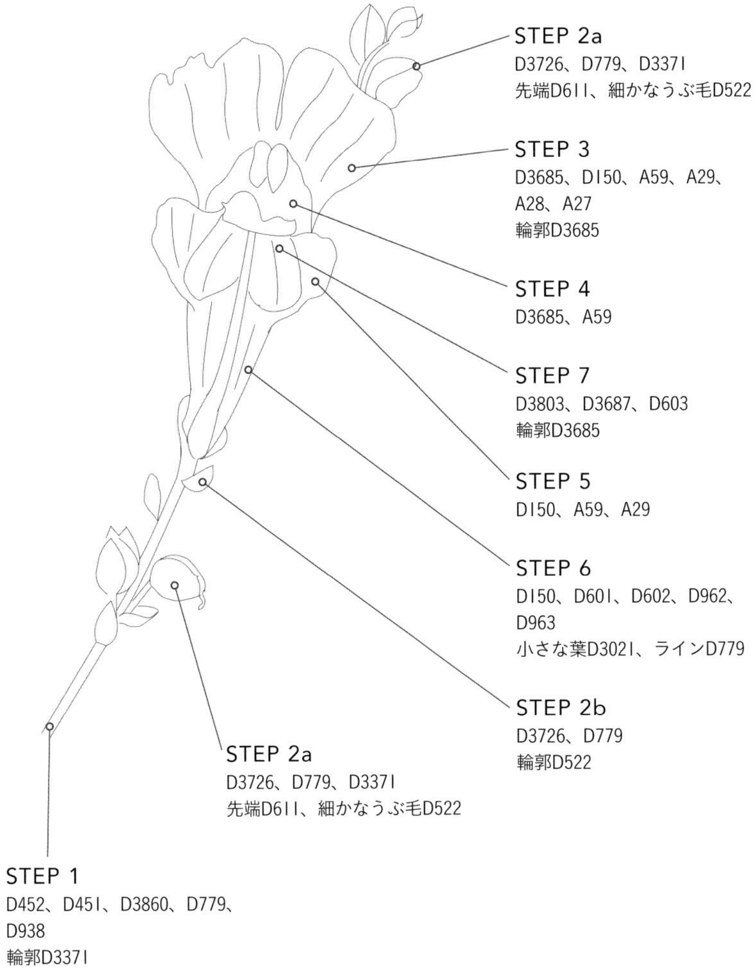

STEP 1 茎

スプリットステッチを細かく並べて埋めます。右端にD3371でラインを入れます。

STEP 2 小さな葉

葉にパディングをして、その上をロングアンドショートステッチで埋めます。ストレートステッチを小さく刺して、細かなうぶ毛を足します。

STEP 3 一番上の花びら

ロングアンドショートステッチで埋め、さらにスプリットステッチで輪郭を入れます。

STEP 4　花の中心部
ロングアンドショートステッチで埋め、さらにスプリットステッチで輪郭を入れます。

STEP 5　下側の花びら
ロングアンドショートステッチで埋め、さらにスプリットステッチで輪郭を入れます。

STEP 6　花びらの一番下の部分
ロングアンドショートステッチで埋め、さらにスプリットステッチで輪郭を入れます。

STEP 7　花びらの模様
ロングアンドショートステッチで埋め、さらにスプリットステッチで輪郭を入れます。

8 パンジー

Viola Tricolor

THREAD LIST

DMC25番刺繍糸
数字の前にDをつけて表示
154
223
316
437
762
935
3013
3051
3052
3823
3834
3835
3836
3854
3865
BLANC

Anchor25番刺繍糸
数字の前にAをつけて表示
301
302
342
870
970
972

刺し方

実物大

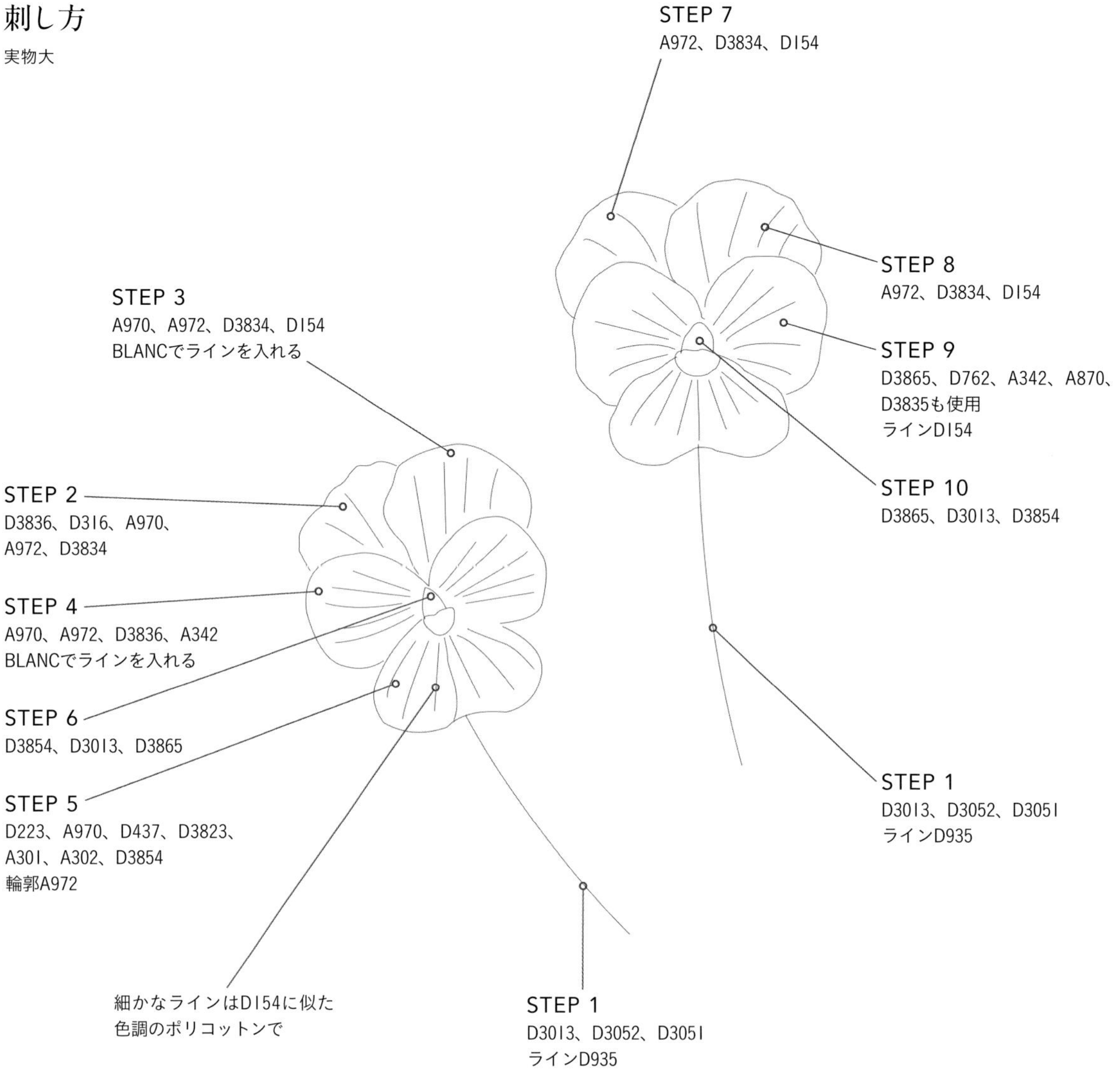

STEP 1　茎
スプリットステッチを細かく並べて埋めます。

STEP 2　奥の花びら
ロングアンドショートステッチで埋めます。

STEP 3　奥から二枚目の花びら
ロングアンドショートステッチで埋めます。
スプリットステッチで白いラインを加えます。

STEP 4　横に並ぶ花びら
ロングアンドショートステッチで埋めます。
スプリットステッチで白いラインを加えます。

STEP 5　手前の花びら
ロングアンドショートステッチで埋めます。
スプリットステッチで縦にラインを加えます。

STEP 6　花の中心部
サテンステッチで埋めます。さらにスプリットステッチでラインを入れます。

STEP 7 ～ STEP 10
もう一つのパンジーも同じように刺していきます。

9 クロタネソウのタネ莢《さや》
Nigella Damascena

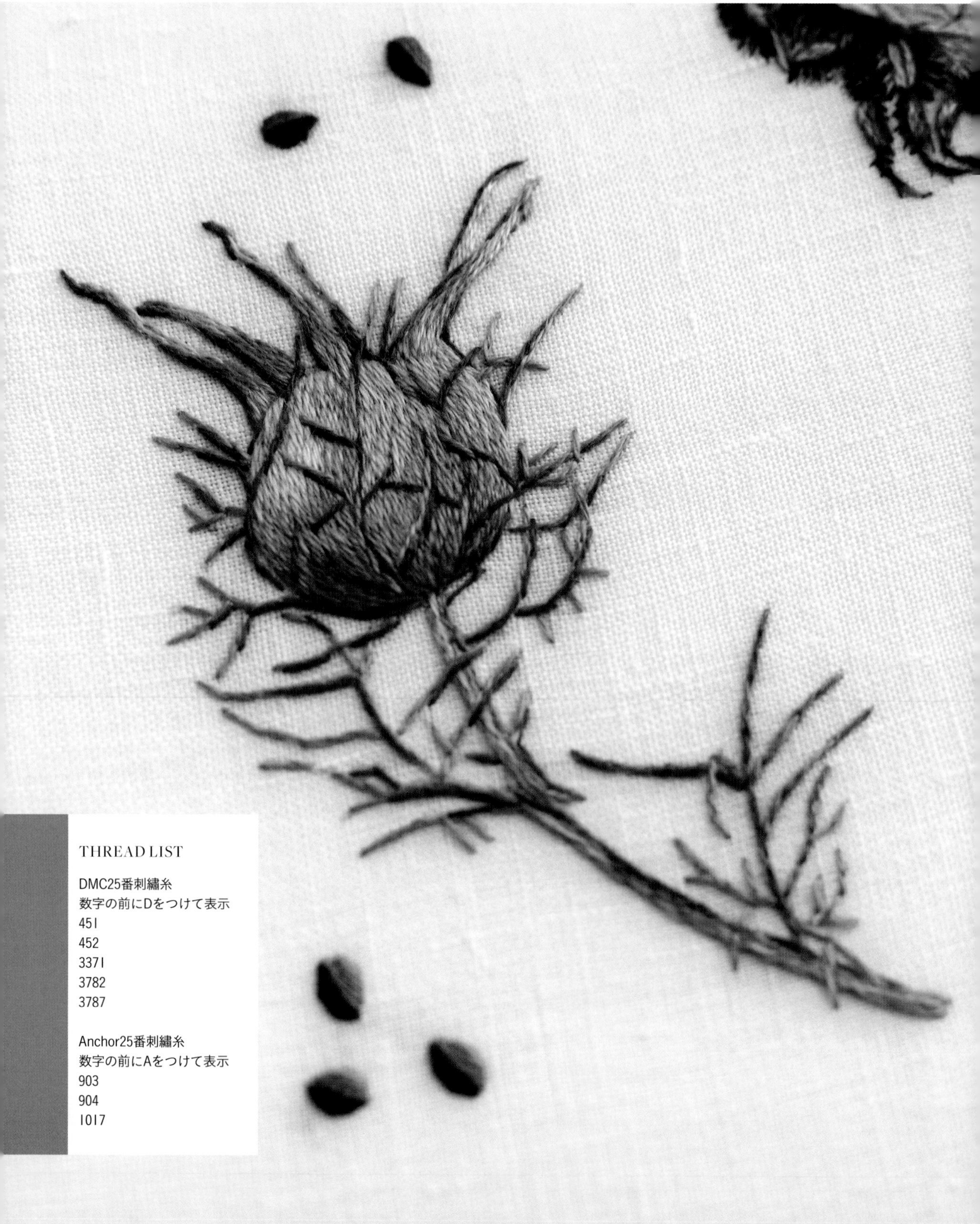

THREAD LIST

DMC25番刺繡糸
数字の前にDをつけて表示
451
452
3371
3782
3787

Anchor25番刺繡糸
数字の前にAをつけて表示
903
904
1017

刺し方

実物大

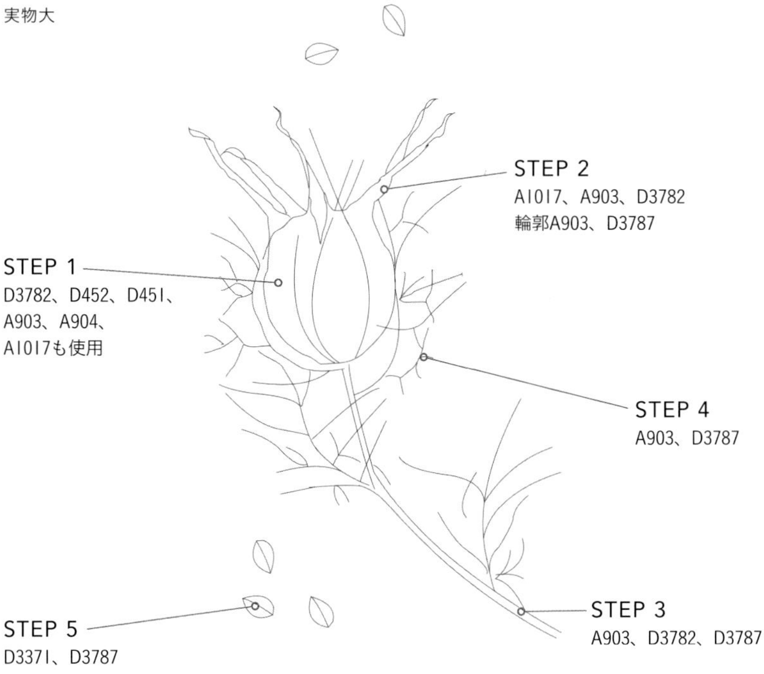

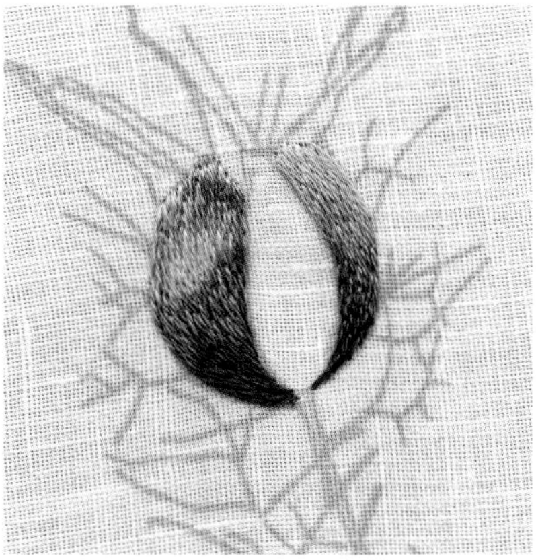

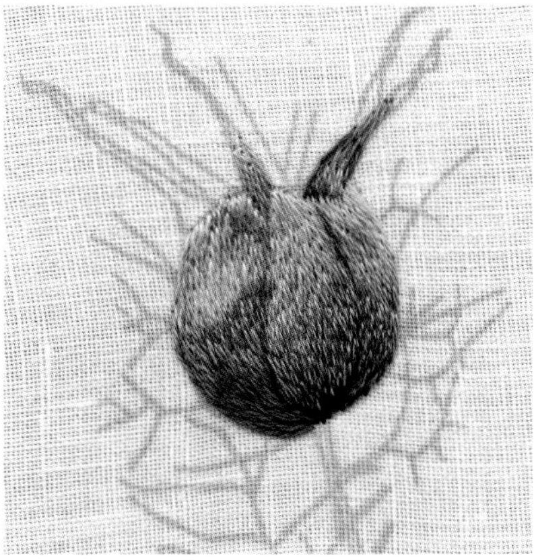

STEP 1 莢《さや》

区分けした部分ごとに、ロングアンドショートステッチで埋めます。ラインをスプリットステッチで入れます。

STEP 2 萼《がく》

ロングアンドショートステッチで埋めます。スプリットステッチで輪郭を加えます。

STEP 3 茎

スプリットステッチを細かく並べて埋めます。

STEP 4 トゲのある葉

莢《さや》の外にスプリットステッチでラインを入れてトゲにします。右の写真を参考にしてください。

STEP 5 タネ

サテンステッチで埋めます。

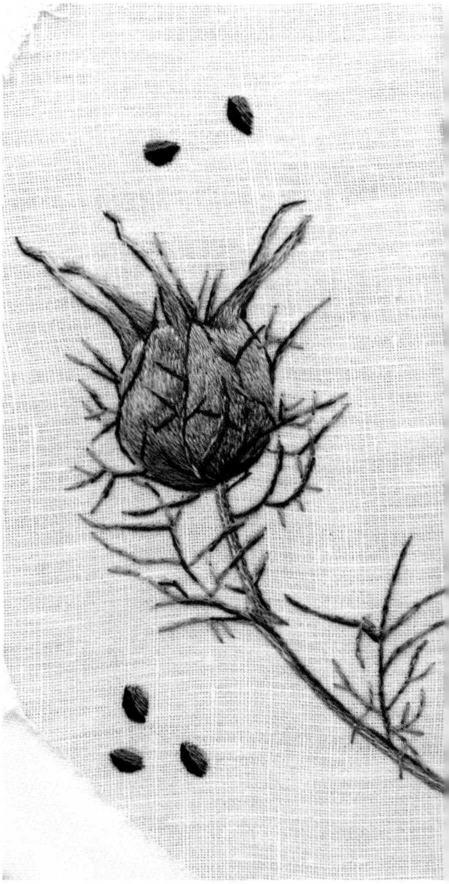

10 ハチ Apis

THREAD LIST

DMC25番刺繍糸

301	742
310	801
317	976
318	3021
437	3371
612	3782
613	3865
645	3866

刺し方

実物大

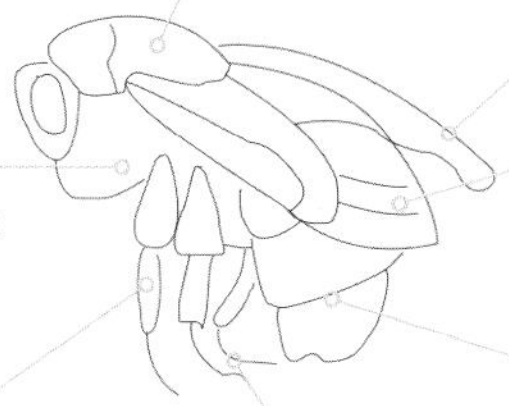

STEP 4
742、976、301、3021、3371、310

STEP 5a
613、3782、612

STEP 3
318、317、3021、3371

STEP 5b
3865、613、3782、3866
318と437も使用
輪郭3021

STEP 1
742、976、301、3021、3371、310

STEP 2
801、645、318、3021
トゲ状の脚3371

細かな翅脈《しみゃく》とトゲ状の脚は、3371と3021に似た色調のポリコットンを使用

STEP 1　腹部
各部位を、針目を揃えずにロングアンドショートステッチで埋めます。層になるように上へ上へと重ねていきます。

STEP 2　脚
スプリットステッチを細かく並べて埋めます。輪郭もスプリットステッチで。さらにトゲ状になるように細かく針目を入れます。

STEP 3　眼と触角
サテンステッチで埋めます。輪郭はスプリットステッチで。周囲にはロングアンドショートステッチを針目を揃えずに刺していきます。

STEP 4　背中側胸部
針目を揃えずにロングアンドショートステッチで埋めます。

STEP 5　羽
ロングアンドショートステッチで埋めます。輪郭はスプリットステッチで。羽の上にスプリットステッチまたはストレートステッチで細かな翅脈《しみゃく》を入れます。手前の羽は3865、613、3782、3866のロングアンドショートステッチで埋めます（STEP 5b）。その上に318と437のロングアンドショートステッチを刺し、透け感を出します。翅脈《しみゃく》を3021で入れます。

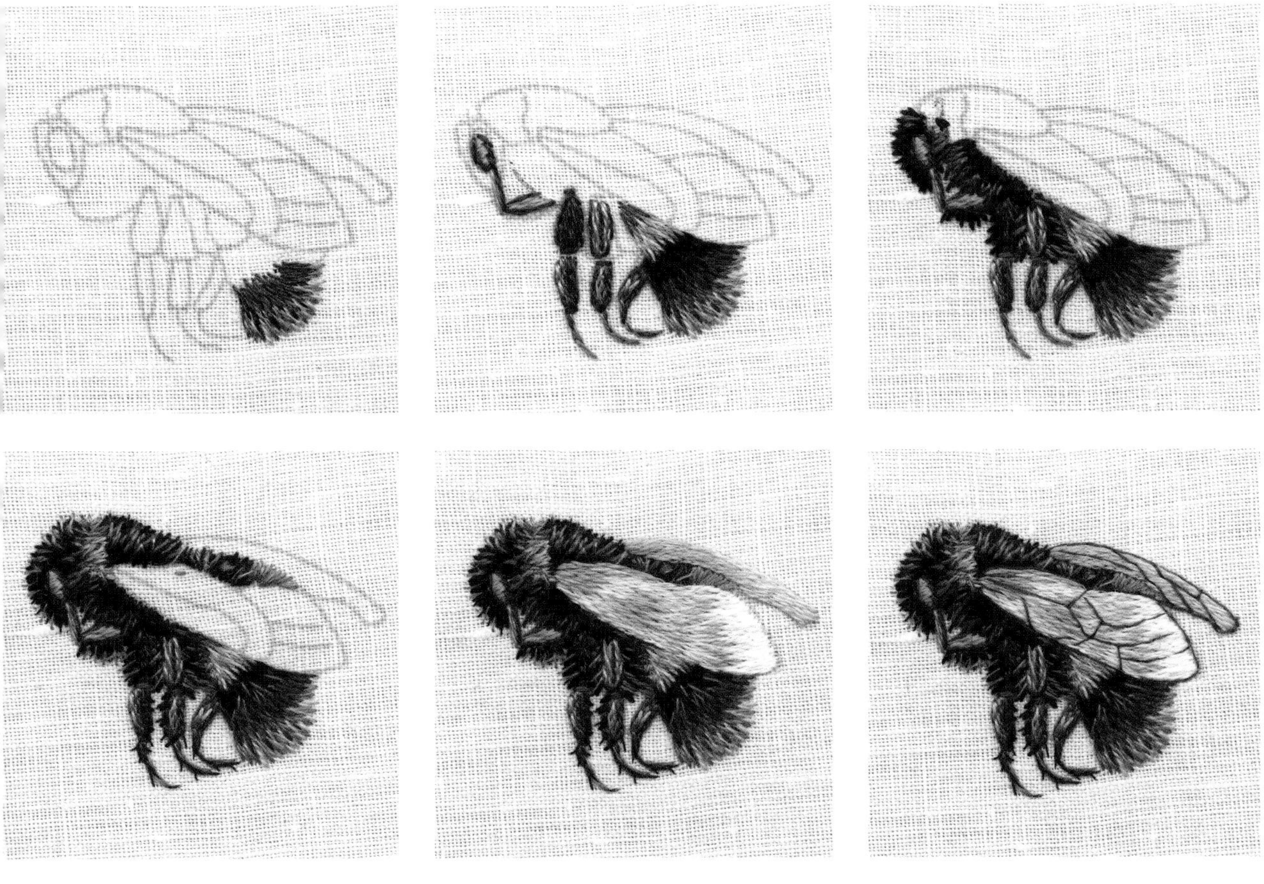

11 スイートピー
Lathyrus Odoratus

THREAD LIST

DMC25番刺繡糸
数字の前にDをつけて表示
153
154
371
372
553
829
3021
3348
3350
3363
3364
3835
3836
花脈・葉脈と輪郭154、3021
またはポリコットン（ポリエステルと木綿の混紡）

Anchor25番刺繡糸
数字の前にAをつけて表示
39
73
74
75
108
109
110
119
401
972

刺し方

実物大

STEP 1 花びら

縁から中心に向かってロングアンドショートステッチで埋めていきます。その上にスプリットステッチで輪郭を加えます。

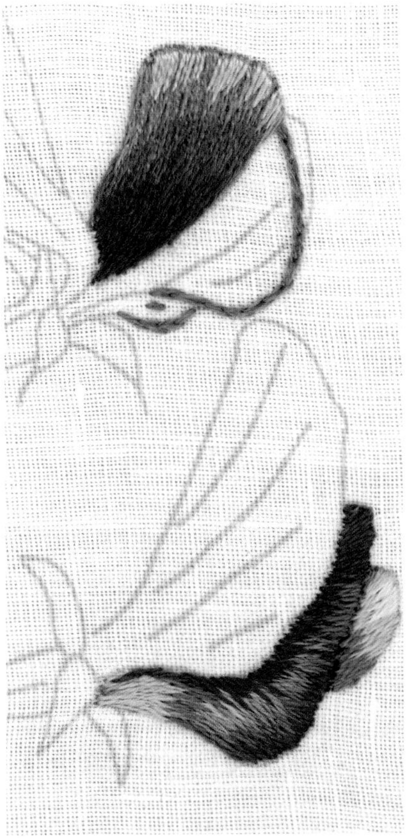

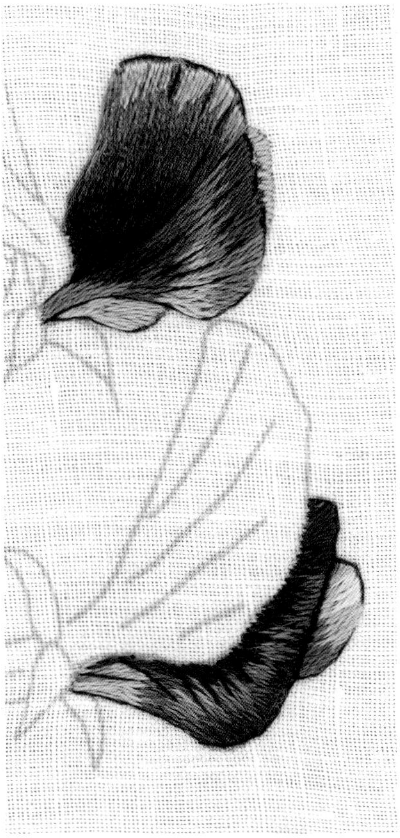

STEP 2 **花びら**
縁から中心に向かってロングアンドショートステッチで埋めていきます。花びらが重なる境目にスプリットステッチで輪郭を加えます。

STEP 3 **花びら**
縁から中心に向かってロングアンドショートステッチで埋めていき、さらにスプリットステッチで輪郭を入れます。

STEP 4 **萼**《がく》
ロングアンドショートステッチで埋めます。スプリットステッチで輪郭を入れます。

STEP 5 **茎**
スプリットステッチを細かく並べて埋めます。

輪郭と花脈・葉脈はすべてスプリットステッチで加えます。次のページの写真を参考にしてください。

12 ゴウダソウのタネ莢《さや》

Lunaria Annua

THREAD LIST

DMC25番刺繍糸
435
436
437
611
612
738
739
3781

刺し方

実物大

STEP 2
612、611
周縁部612
輪郭3781

STEP 3
739、738、3781、611

STEP 1
739、738、437、436、435
ライン611、3781

STEP 1 莢《さや》
ロングアンドショートステッチで埋めます。縁から中心に向かって刺していきます。

STEP 2 タネ
周縁部の外側および内側の輪郭はスプリットステッチで刺します。中はサテンステッチで埋めます。

STEP 3 莢の縁
スプリットステッチを細かく並べて埋めます。

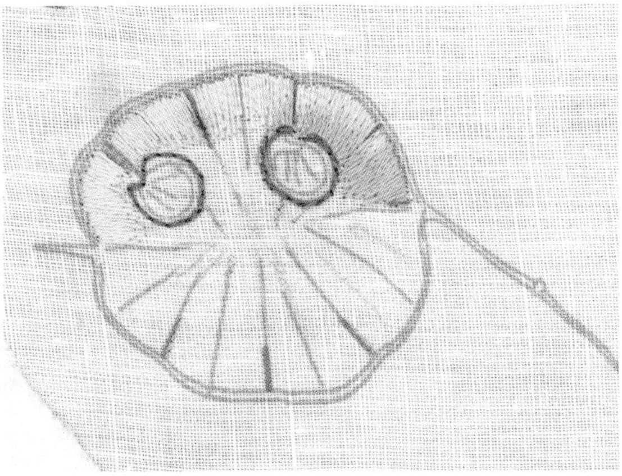

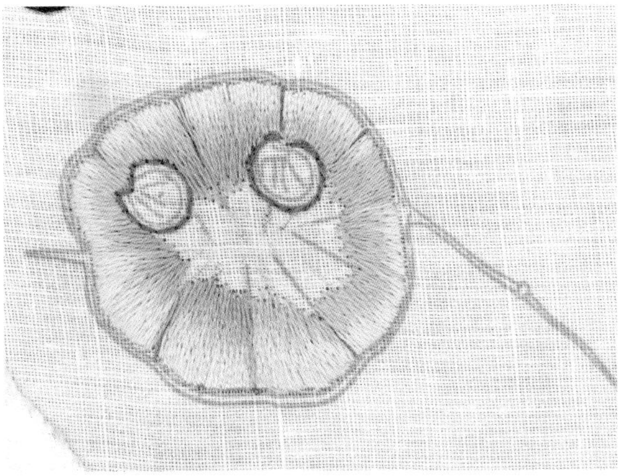

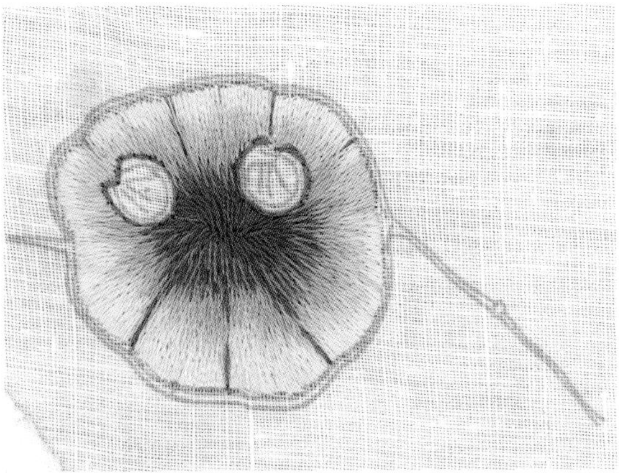

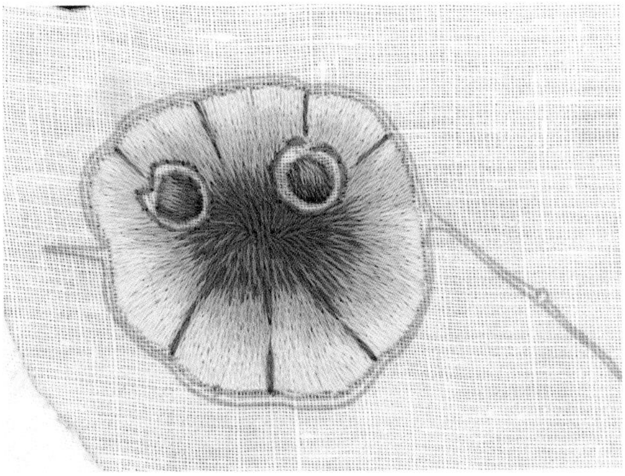

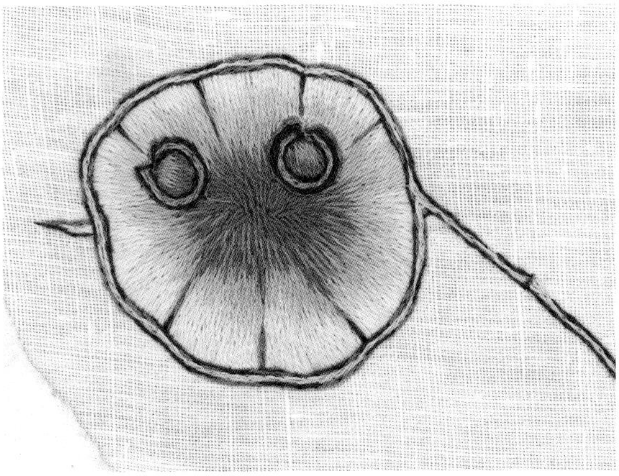

13 フクシア
Fuchsia Magellanica

THREAD LIST

DMC25番刺繡糸
数字の前にDをつけて表示
154
327
335
370
402
834
3011
3350
3371
3687
3746
3777
3787
3803
3834
3857
花脈と輪郭3777、3857またはポリコットン（ポリエステルと木綿の混紡）

Anchor25番刺繡糸
数字の前にAをつけて表示
8
9
10
11
13

刺し方

実物大

STEP 3e
左部分A13、A11
右部分A11、A9、A8、A9、A11

STEP 3a
A10、A11、A9、A8、A11、
A13

細かい輪郭はD3777とD3857、
または似た色調のポリコットン
を使用

STEP 4
D834、D370、D3011
輪郭D3787

STEP 3d
A11、A9、A8、A9、A11、A13

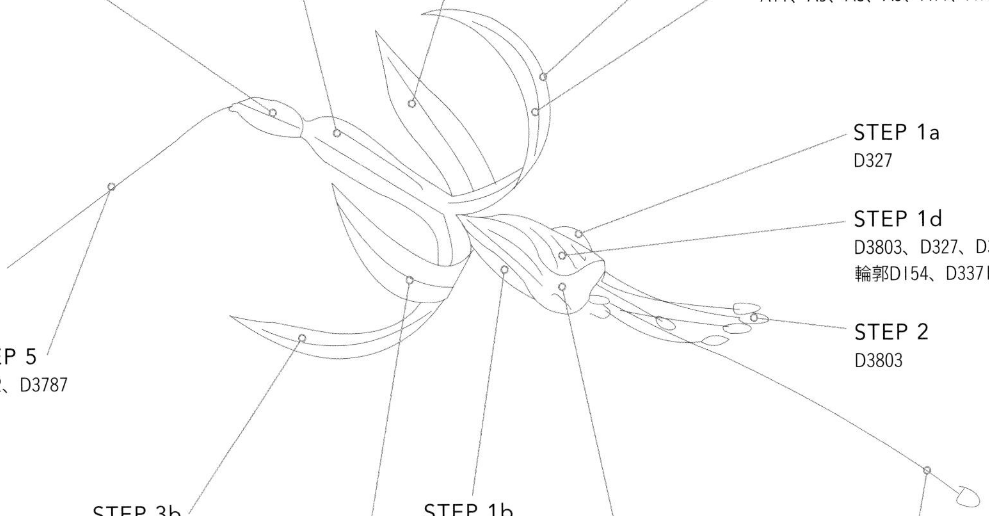

STEP 1a
D327

STEP 1d
D3803、D327、D3746、D327
輪郭D154、D3371

STEP 2
D3803

STEP 5
D402、D3787

STEP 3b
A8、A9、A11、A13

STEP 1b
D335、D3687

STEP 3c
A11、A9、A8、A9、A11、A13

STEP 1c
D3687、D3803、D3834、
D3687
輪郭D154

STEP 2
D335、D3350
ラインD3371

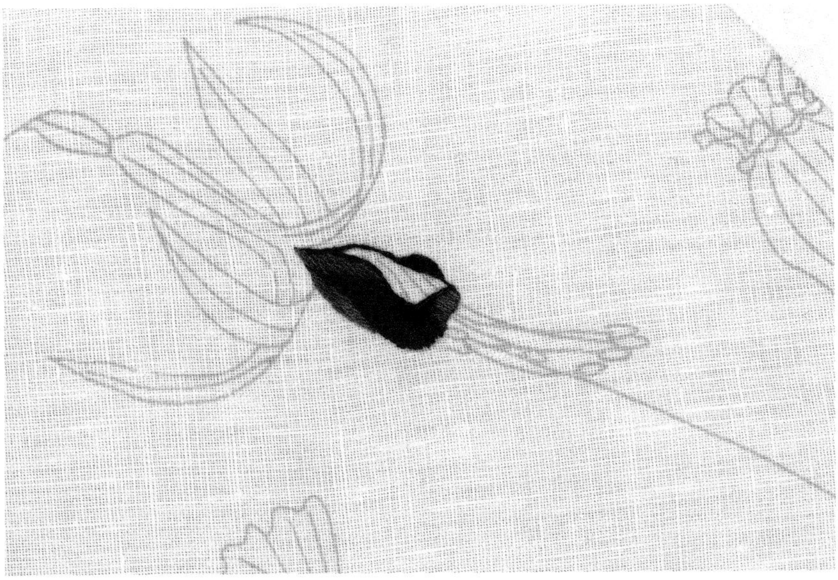

STEP 1　内側の花びら
区分けした各部をロングアンドショートステッチで埋めます。スプリットステッチで輪郭を加えます。

STEP 2　おしべ、めしべ
スプリットステッチを細かく並べて、おしべとめしべの一本一本を埋めます。葯《やく》はサテンステッチで埋めます。

STEP 3　外側の花びらと筒《とう》
花びらの一枚一枚をロングアンドショートステッチで埋めます。細い輪郭と花脈はスプリットステッチで入れます。筒は左右に分けて、それぞれロングアンドショートステッチで埋めます。

STEP 4　子房
ロングアンドショートステッチで埋めます。スプリットステッチで輪郭を加えます。

STEP 5　茎
スプリットステッチを細かく並べて埋めます。
p.78の写真を参考にしてください。

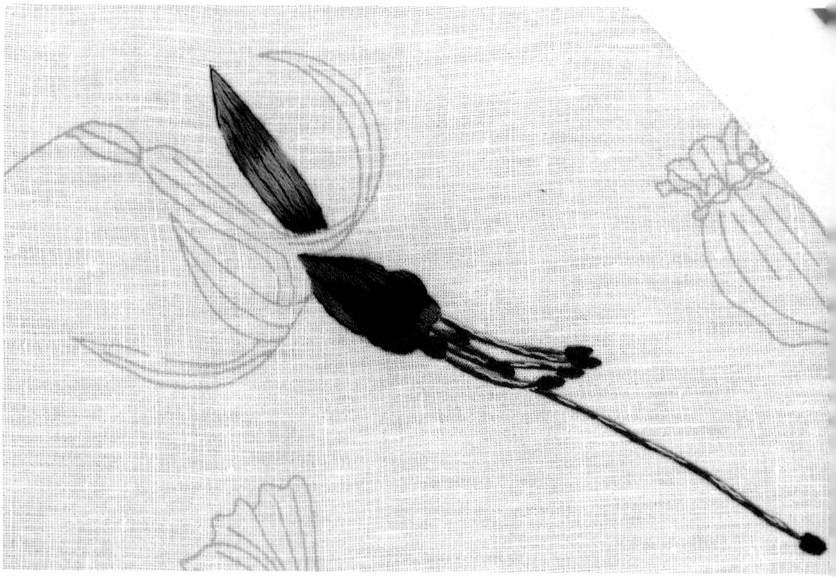

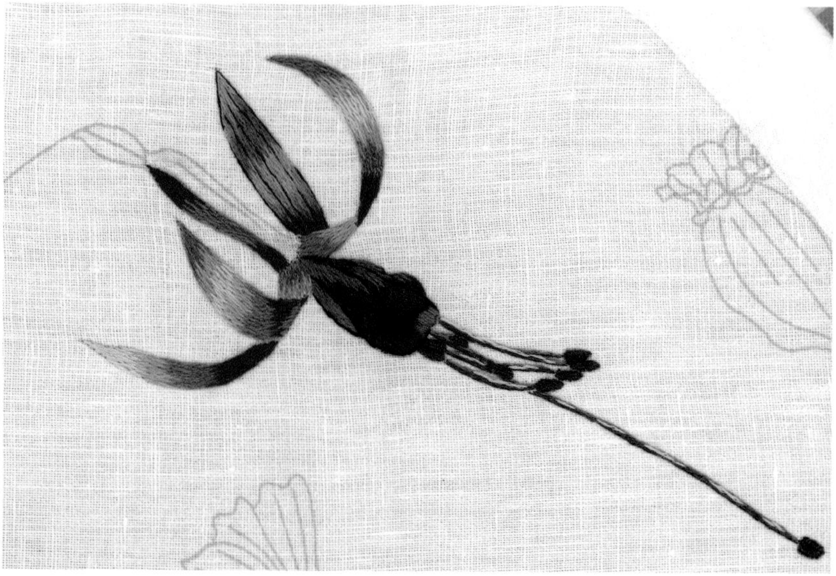

14 セセリチョウ

THREAD LIST

DMC25番刺繍糸
611
712
834
844
3021
3047
3787

刺し方

実物大

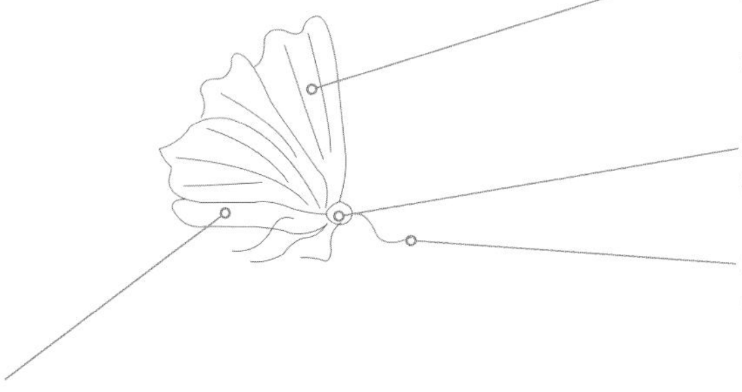

STEP 1 体
パディングしてからサテンステッチで埋めます。さらに縦にラインを入れて縞模様を作ります。

STEP 2 頭
パディングしてからサテンステッチで埋め、さらにスプリットステッチで輪郭を入れます。

STEP 3 羽
外から体に向かって、ロングアンドショートステッチで埋めていきます。スプリットステッチで輪郭を加えます。

STEP 4 脚と触角
スプリットステッチで埋めます。

15 バッタ
Caelifera

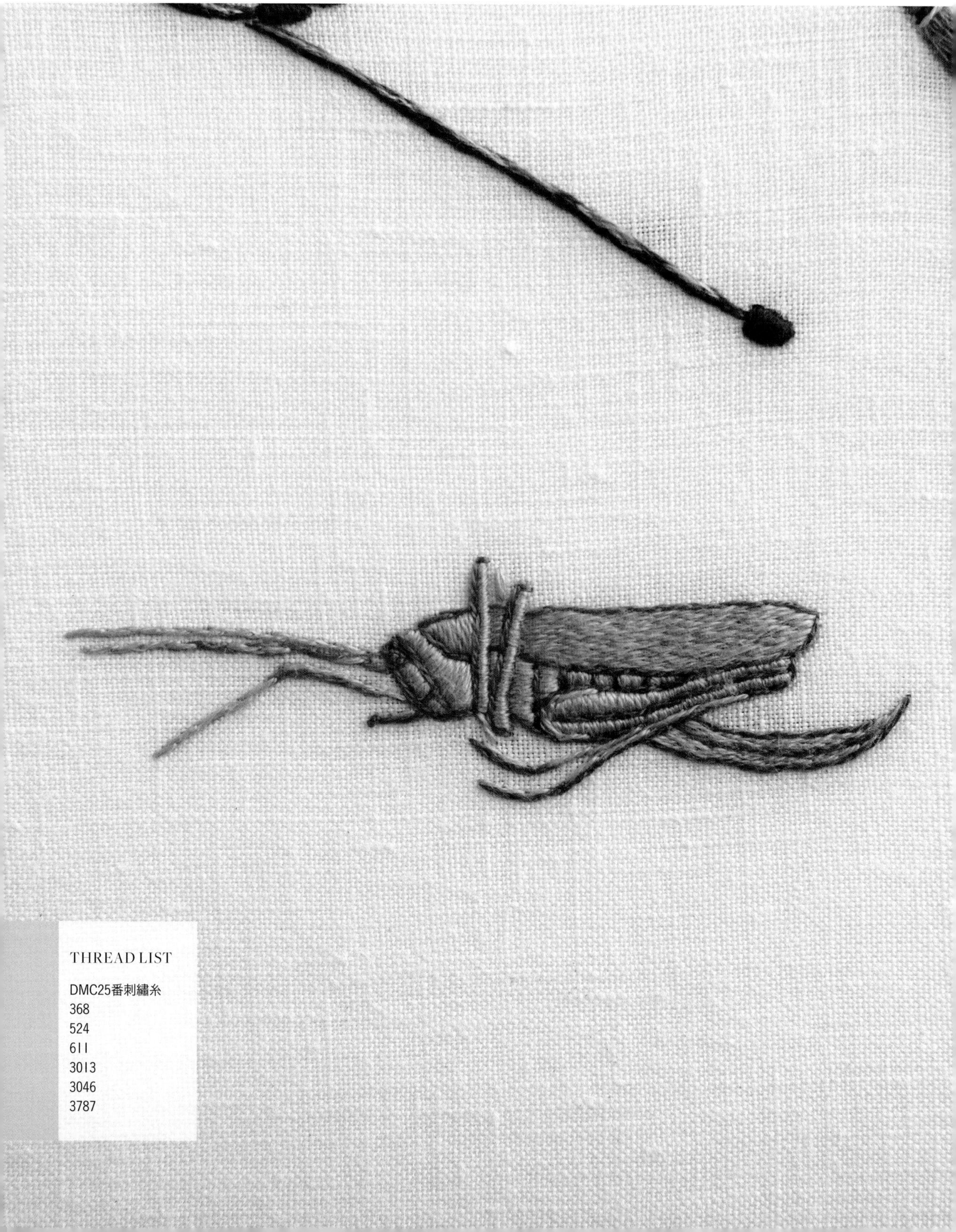

THREAD LIST

DMC25番刺繍糸
368
524
611
3013
3046
3787

刺し方

実物大

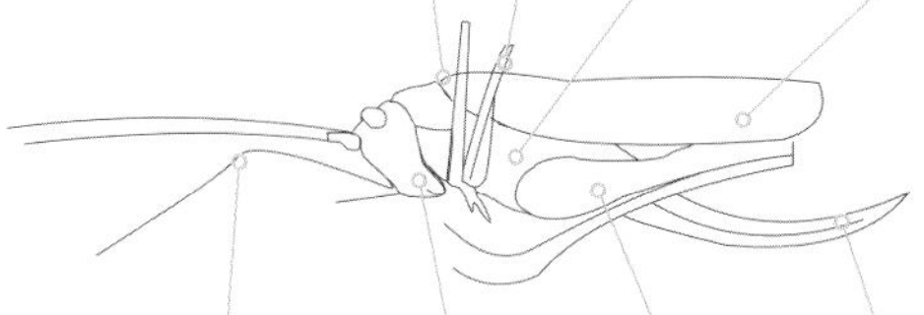

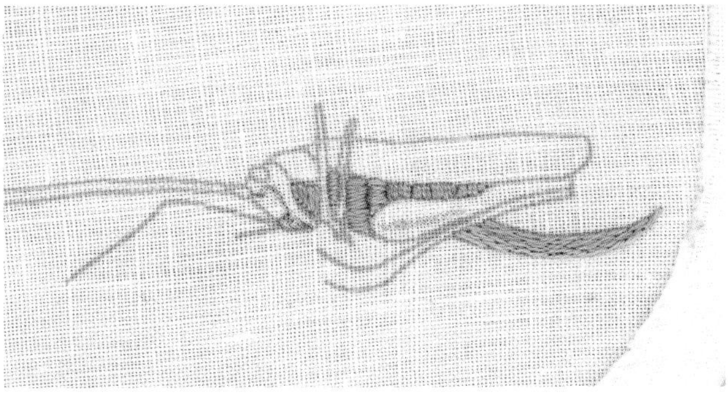

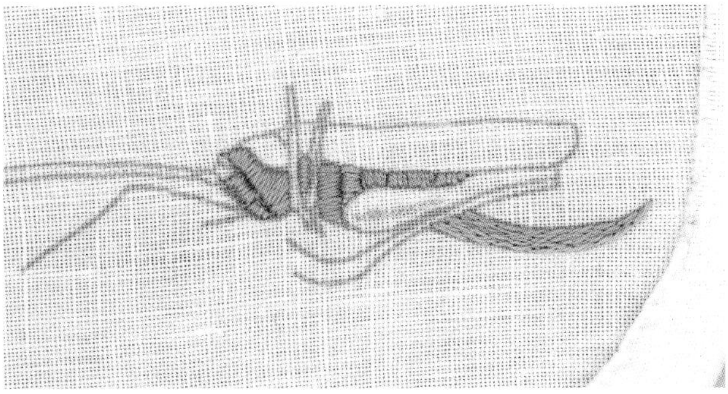

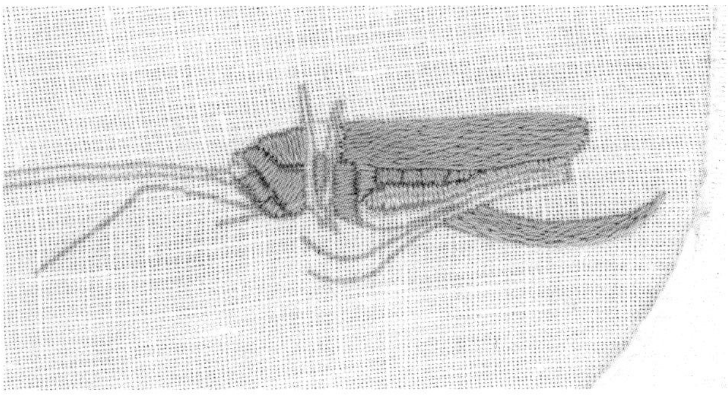

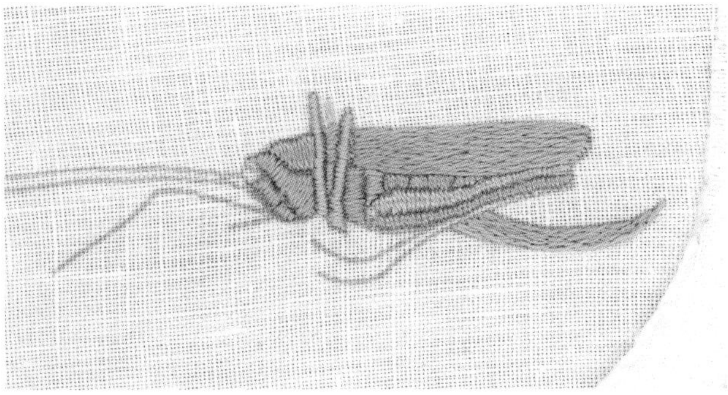

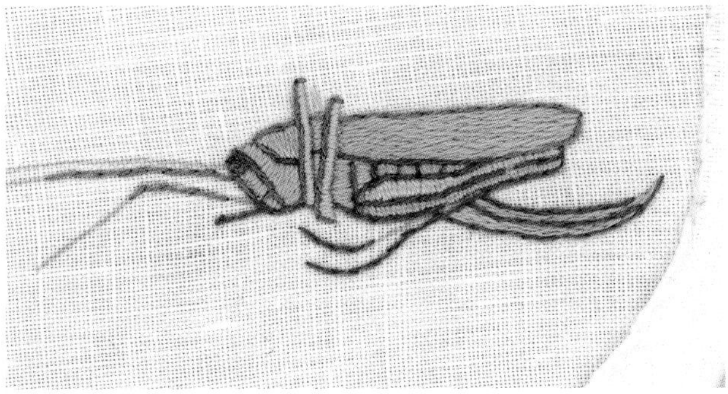

STEP 1　胸部、腹部

胸部はサテンステッチで、腹部はスプリットステッチを細かく並べて埋めます。胸部には縦線を何本か入れます。スプリットステッチで輪郭を加えます。

STEP 2　頭

区分けした各部をサテンステッチで埋め、そのあとスプリットステッチで輪郭を入れます。眼は輪郭と同色のフレンチノットステッチで作ります。

STEP 3　羽

ロングアンドショートステッチで埋め、スプリットステッチで輪郭を入れます。

STEP 4　前脚、後脚

サテンステッチで細かく埋めます。スプリットステッチで輪郭を加えます。

STEP 5　触角

スプリットステッチを細かく並べて埋めます。

16 ポピーのシードヘッド
Papaver

THREAD LIST

DMC25番刺繍糸
433
434
435
436
437
738
3021
3787
3866

刺し方

実物大

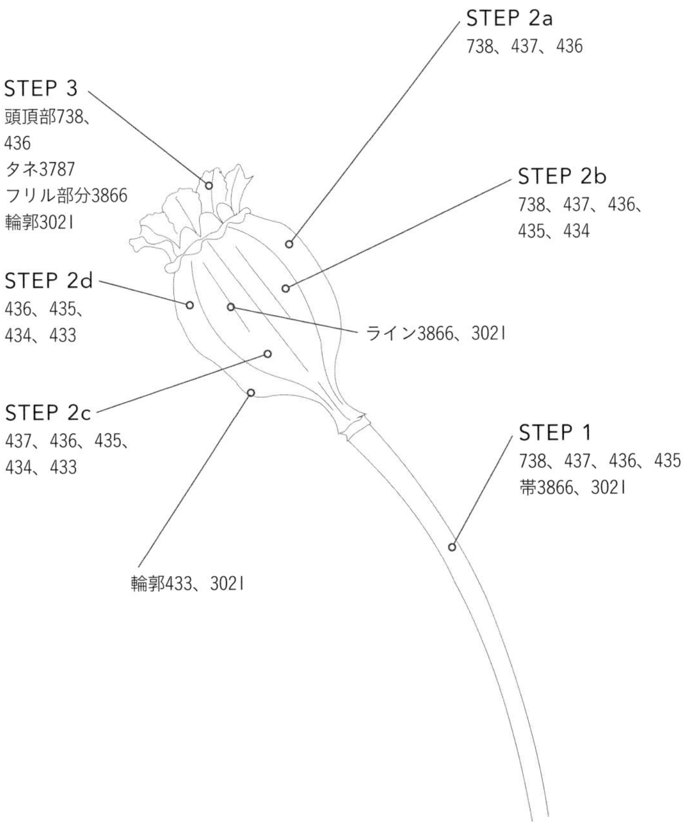

STEP 1 茎

スプリットステッチを細かく並べて埋めます。さらにシードヘッドの下側に、3866と3021の二色の帯を２本、スプリットステッチで入れます。

STEP 2 蒴《さく》

区分けした各部をロングアンドショートステッチで埋めます。さらにスプリットステッチでラインを入れます。

STEP 3 頭頂部

フリル部分とタネをサテンステッチで、頭頂部はロングアンドショートステッチで埋めます。スプリットステッチで輪郭を加えます。

17 ローズヒップ
Rosa

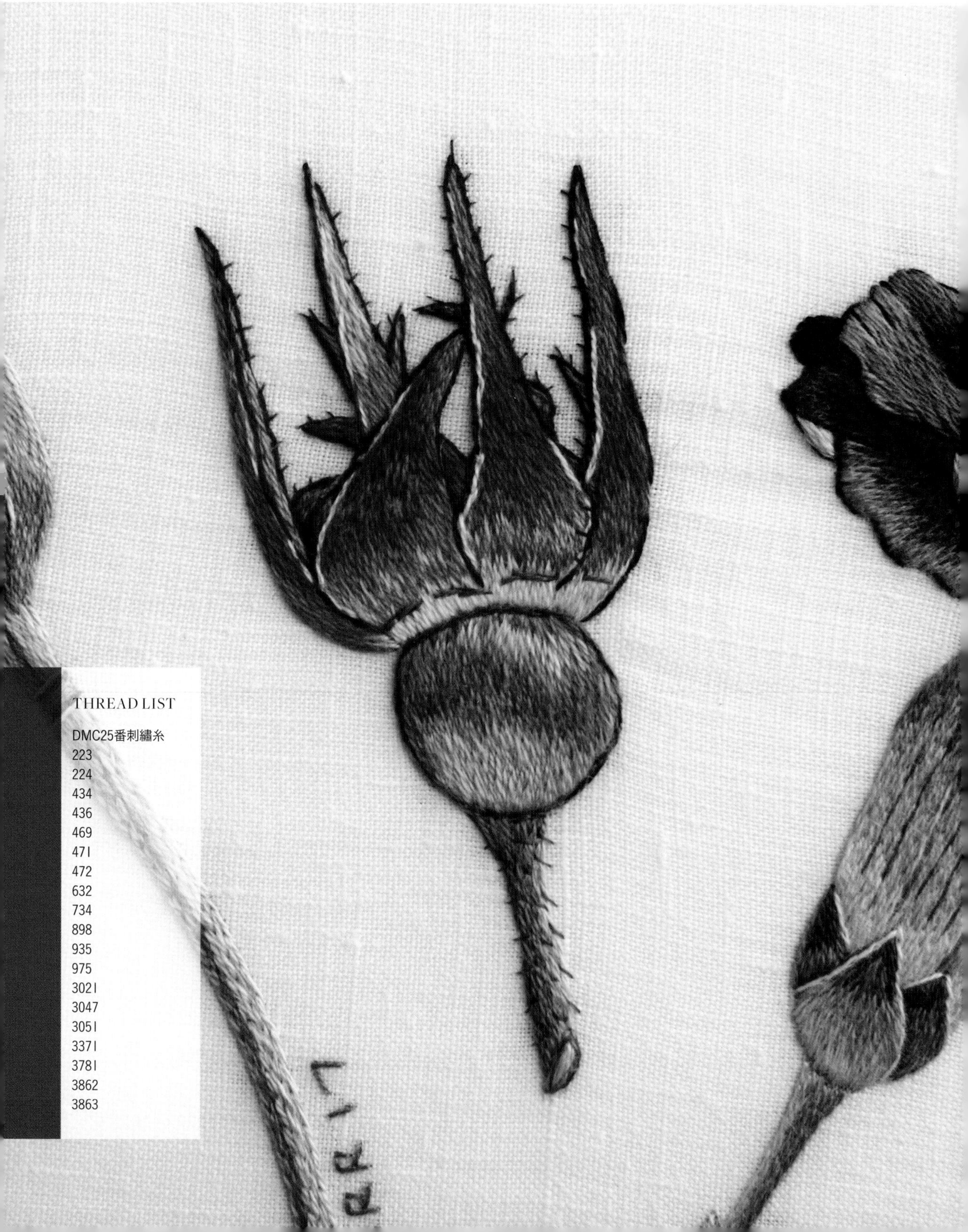

THREAD LIST

DMC25番刺繍糸
223
224
434
436
469
471
472
632
734
898
935
975
3021
3047
3051
3371
3781
3862
3863

刺し方

実物大

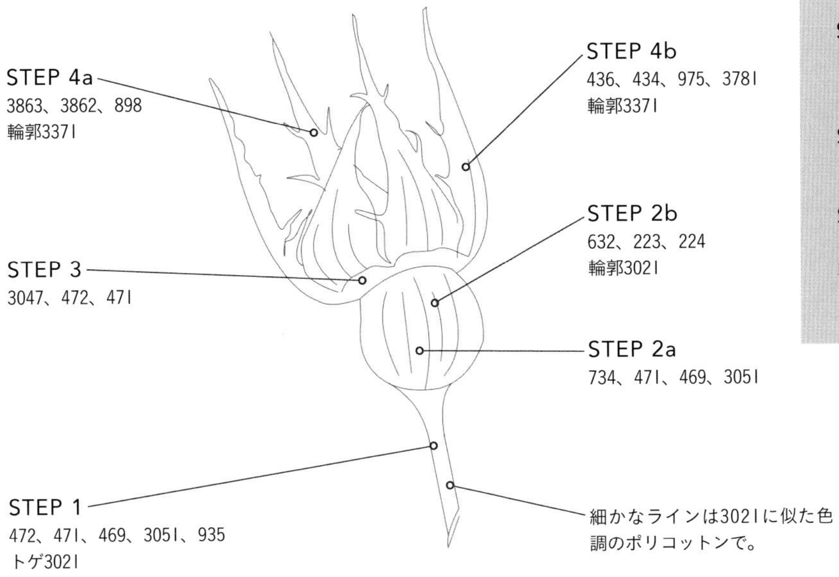

STEP 1　茎
スプリットステッチを細かく並べて埋めます。ストレートステッチを小さく刺してトゲにします。

STEP 2　実（ヒップ）
ロングアンドショートステッチで埋め、スプリットステッチで輪郭を入れます。

STEP 3　萼《がく》の付け根
ロングアンドショートステッチで埋めます。

STEP 4　萼《がく》
ロングアンドショートステッチで埋めます。輪郭はスプリットステッチで。ストレートステッチで小さなトゲを加えます。

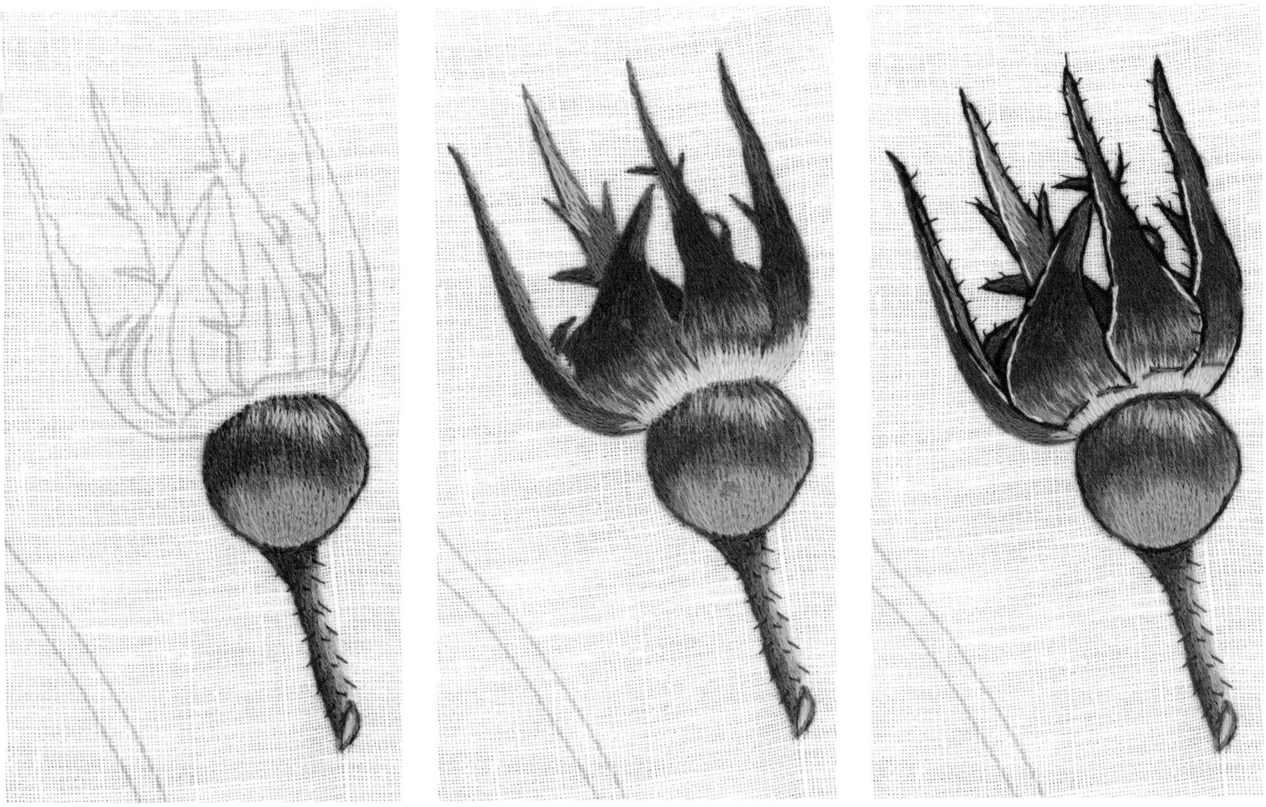

18 カーネーション *Dianthus caryophyllus*

THREAD LIST

DMC25番刺繍糸
数字の前にDをつけて表示
320
368
501
502
989
3021
3047
3348
3362
3787
BLANC
細かなライン3021または
ポリコットン（ポリエステ
ルと木綿の混紡）

Anchor25番刺繍糸
数字の前にAをつけて表示
31
36
41
42
43
45
59
271
968
969

刺し方

実物大

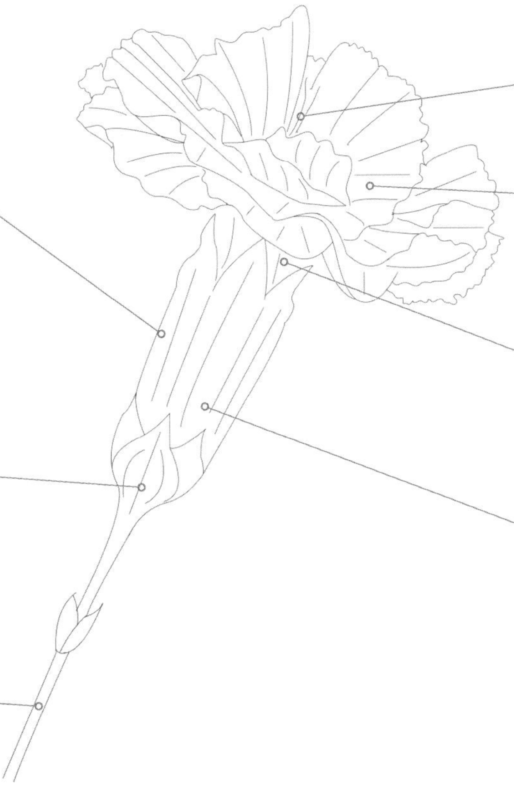

STEP 1　花びらの下

ロングアンドショートステッチで埋めます。

STEP 2　花托

区分けした各部をロングアンドショートステッチで埋めます。さらにスプリットステッチでラインを入れます。

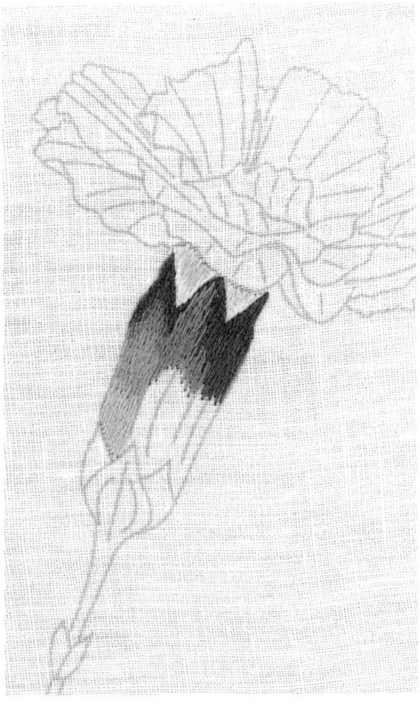

STEP 3　茎と萼《がく》

ロングアンドショートステッチで埋め、そのあとスプリットステッチで輪郭を入れます。

STEP 4　花びら

一枚一枚の花びらにスプリットステッチで輪郭を入れ、ロングアンドショートステッチで埋めます。色の配置については写真を参考にしてください。最後に輪郭を（p.90の写真を参考に）スプリットステッチで加えます。

STEP 5　花の中心部

ストレートステッチとフレンチノットステッチで埋めます。

クレマチス

Clematis 'Magnifica'

原画：ワーシントン・G・スミス「フローラル・マガジン」誌 vol. 8 1869（キュー王立植物園アートコレクションより）

THREAD LIST

DMC25番刺繍糸

28	891
29	3042
36	3051
319	3078
320	3345
327	3347
347	3348
367	3362
368	3688
369	3743
471	3801
498	3829
500	3834
553	3835
554	3836
834	

実物大

作品のサイズ　7×11cm

用意するもの
・刺繍用の布　30×30cm
・糸。右上のリスト参照。
・スーパーグリップフープまたは
　ストレッチャー・フレーム（20.5cm）

刺し始める前に

・図案を布に写します（p.16とp.168参照）。
・布を刺繍枠に取り付けます（p.17参照）。

STEP 1　茎
スプリットステッチを細かく並べて埋めます。

STEP 2　小さな葉
中央の葉脈の両側をそれぞれロングアンドショートステッチで埋め、そのあとスプリットステッチで輪郭を入れます。中央の葉脈はスプリットステッチで埋めます。

STEP 3　つぼみ
ロングアンドショートステッチで埋めます。最初につぼみの中ほどを明るめの色調で埋め、次に縁へ向かって暗めの色調にしていきます。スプリットステッチでラインを入れ、輪郭をスプリットステッチで加えます。

STEP 4　大きな葉
中央の葉脈の両側をそれぞれロングアンドショートステッチで埋め、そのあとスプリットステッチで輪郭を入れます。中央の葉脈はスプリットステッチで埋めます。

刺し方

p.96からp.97の手順に沿って刺しましょう。

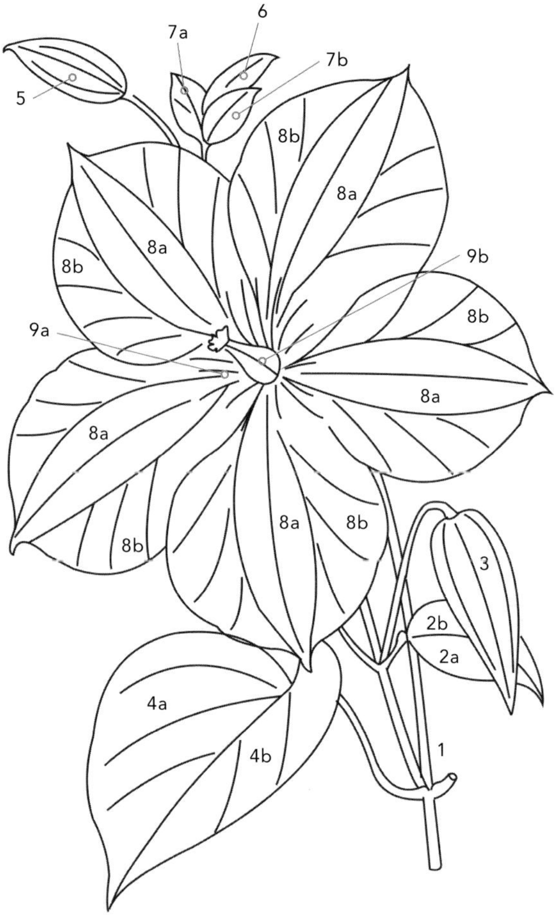

STEP 4a
471、320、367、319、500

STEP 4b
471、3347、320、367、319
輪郭36
葉脈319

STEP 3
3836、3835、3834
輪郭3834

STEP 3
3743、3042、28

STEP 2b
369、3345、368
輪郭3051
葉脈319

STEP 2a
367、319

STEP 1
3348、3347、3362

STEP 5 つぼみ
ロングアンドショートステッチで埋め、スプリットステッチで輪郭を加えます。

STEP 6 つぼみ
ロングアンドショートステッチで埋め、スプリットステッチで輪郭を加えます。

STEP 7 小さな葉
ロングアンドショートステッチで埋め、そのあとでラインと輪郭をスプリットステッチで入れます。

STEP 6
3743、3042、3836

STEP 5
369、3743、3042、3836、3835

STEP 1
3348、3347

STEP 7a
368、320、367
輪郭3051

STEP 7b
368、320、367
輪郭3051

STEP 8 花びら
一枚一枚の花びらに同じ手順で刺していきます。
8a　花びらの中央部分を、外から中心に向かってロングアンドショートステッチで埋めていきます。ラインと輪郭をプリットステッチで入れます。
8b 8aの両側を、縁から中心に向かってロングアンドショートステッチで埋めていきます。写真を参考にしてください。

STEP 9 花の中心部
9a　ラインを並べて埋めます。
9b　ロングアンドショートステッチで埋め、スプリットステッチで輪郭を加えます。さらに柱頭の先端に小さくストレートステッチを入れます。

STEP 8a
891、3801、347、498
ラインと輪郭498

STEP 9b
368、320、367
輪郭367

STEP 9a
3078、834、3829

STEP 8b
29、327、553、554、3688

T BURR

ツバキ

Camellia Japonica

「カーティス・ボタニカル・マガジン」誌
Vol.2, 1788（キュー王立植物園アートコレクションより）

THREAD LIST

DMC25番刺繍糸

10	936
22	938
370	975
372	976
433	3011
434	3012
524	3013
611	3021
612	3051
613	3052
761	3053
801	3706
830	3708
892	3722
934	3801
935	3826

実物大

作品のサイズ　8×14cm

用意するもの
・刺繍用の布　30×30cm
・糸。右上のリスト参照。
・スーパーグリップフープまたは
　ストレッチャー・フレーム（20cm）

刺し始める前に

・図案を布に写します（p.16とp.168参照）。
・布を刺繡枠に取り付けます（p.17参照）。

刺し方

p.102からp.105の手順に沿って刺しましょう。

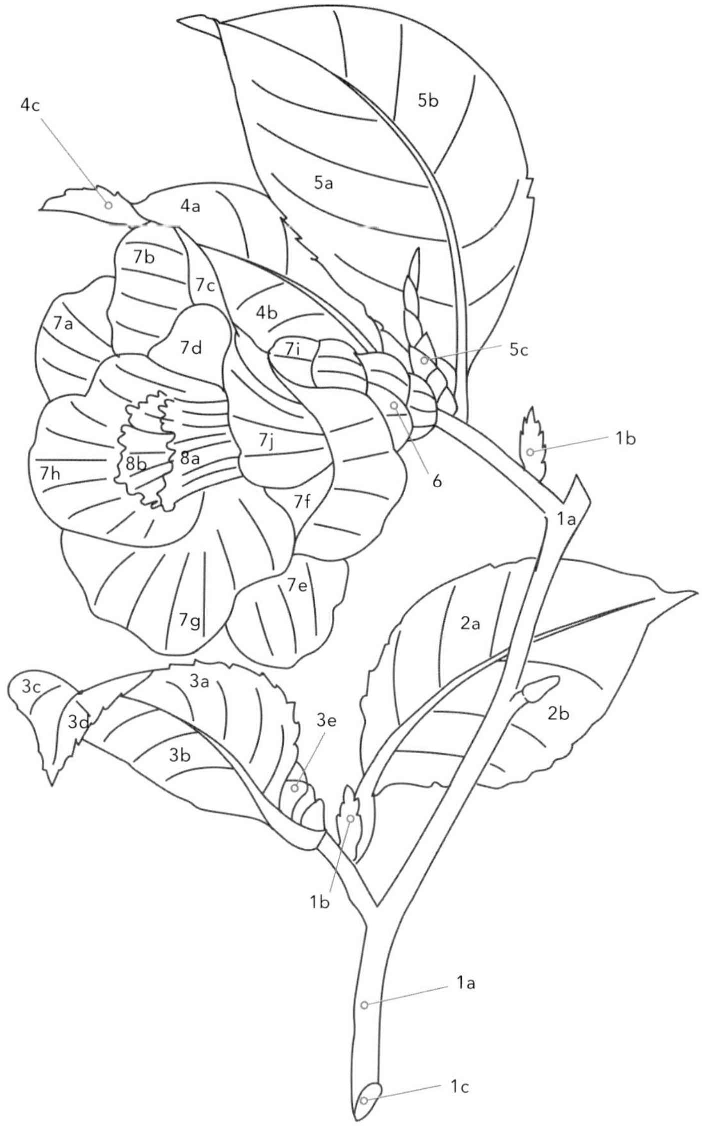

STEP 2b
3013、3012、3011、936、935

STEP 1b
370、830
輪郭934

STEP 2a
3013、3012、3011、936、935
輪郭934

STEP 1b
372、370
輪郭934

STEP 1a
3826、434、433、801、938

STEP 1c
372

STEP 1　枝

1a　枝はステムステッチを細かく並べて埋めます。
1b　小さなつぼみをロングアンドショートステッチで埋め、スプリットステッチで輪郭を加えます。
1c　枝の切り口をサテンステッチで埋めます。

STEP 2　右下の葉

2a, 2b　中央の葉脈の両側をそれぞれ、縁から葉脈に向かってロングアンドショートステッチで埋めていきます。中央の葉脈はスプリットステッチで埋めます。最後に葉全体の輪郭をスプリットステッチで刺します。

STEP 3　左下の葉

3a, 3b　中央の葉脈の両側をそれぞれ、縁から葉脈に向かってロングアンドショートステッチで埋めていきます。中央の葉脈はスプリットステッチで埋めます。最後に葉全体の輪郭をスプリットステッチで入れます。
3c, 3d　めくれた部分も、葉脈の両側をそれぞれロングアンドショートステッチで埋めます。葉脈はスプリットステッチで埋め、輪郭もスプリットステッチで入れます。
3e　区分けした各部をサテンステッチで埋め、スプリットステッチで輪郭を加えます。

STEP 4　左上の葉

4a, 4b　中央の葉脈の両側をそれぞれ、縁から葉脈に向かってロングアンドショートステッチで埋めていきます。中央の葉脈はスプリットステッチで埋めます。最後に葉全体の輪郭をスプリットステッチで入れます。
4c　めくれた部分をロングアンドショートステッチで埋め、スプリットステッチで輪郭を加えます。

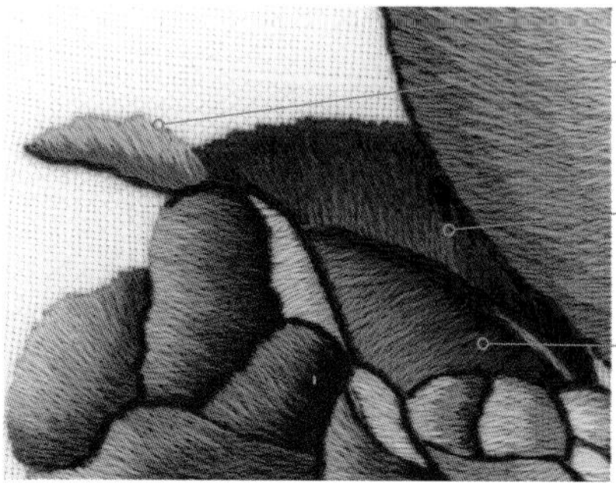

STEP 5　右上の葉

5a, 5b　中央の葉脈の両側をそれぞれ、縁から葉脈に向かってロングアンドショートステッチで埋めていきます。中央の葉脈はスプリットステッチで埋めます。最後に葉全体の輪郭をスプリットステッチで入れます。めくれた部分はサテンステッチで埋め、スプリットステッチで輪郭を加えます。
5c　区分けした各部をサテンステッチで埋め、スプリットステッチで輪郭を加えます。

STEP 6
10、372、3011
輪郭935

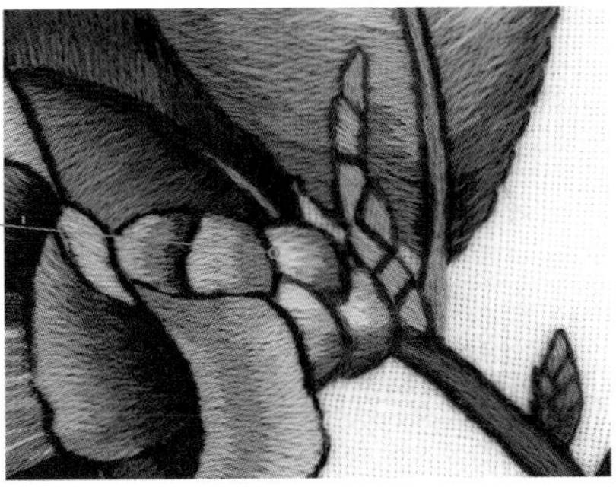

STEP 6　花の付け根
区分けした各部をロングアンドショートステッチで埋め、スプリットステッチで輪郭を加えます。

STEP 7b
3708、3706、892、3801、22

STEP 7c
761

STEP 7d
892、3801、22

STEP 7i
761、3706、3722

STEP 7a
761、3708、3706、892、3722

STEP 7h
761、3708、3706、892、3722

STEP 8a
613、612、611

STEP 8b
粒976、975

STEP 7g
3708、3706、892、3801、22

STEP 7e
3706、892、3801、22

STEP 7f
3722、22

STEP 7j
761、3708、3706、892
めくれたところ761

STEP 7　花びら
輪郭はすべて22の糸で入れます。
7a~7j　花びら一枚一枚を、縁から中心に向かってロングアンドショートステッチで埋め、そのあとスプリットステッチで輪郭を入れます。色の配置や輪郭については写真を参考にしてください。

STEP 8　花の中心部
8a　花糸《かし》をストレートステッチで埋めます。
8b　1本どり、2回巻きのフレンチノットステッチで粒を加えます。

INTERMEDIATE PROJECTS

中級編

シャクナゲ
Rhododendron Thomsonii

原画：サー・ジョゼフ・ダルトン・フッカー
（キュー王立植物園アートコレクションより）

作品のサイズ　15.5×16.5cm

用意するもの
・刺繍用の布　32×35cm
・糸。次ページのリスト参照。
・スーパーグリップフープまたは
　ストレッチャー・フレーム（25.5cm）

実物大

THREAD LIST

DMC25番刺繍糸 数字の前にDをつけて表示		AVÀSシルク糸ソワ・ダルジェ 数字の前にAをつけて表示	
2	920	945	2112
3	976	946	2113
7	3011	1016	2114
8	3013	1831	2922
10	3021	1832	2933
165	3364	1833	2934
355	3371	1834	2935
471	3778	1835	2943
500	3787	1836	3421
520	3799	1843	3422
543	3827	1844	3426
645	3863	1845	4623
646	3864	1846	4625
734	3866		
801			

オ・ヴェール・ア・ソワのシルク糸ソワ・ダルジェを推奨しますが、手に入りにくい場合には、p.163の変換表を参考にしてDMCの糸を代わりに使ってください。ただし、出来上がりがまったく同じになるわけではないことにご注意ください。

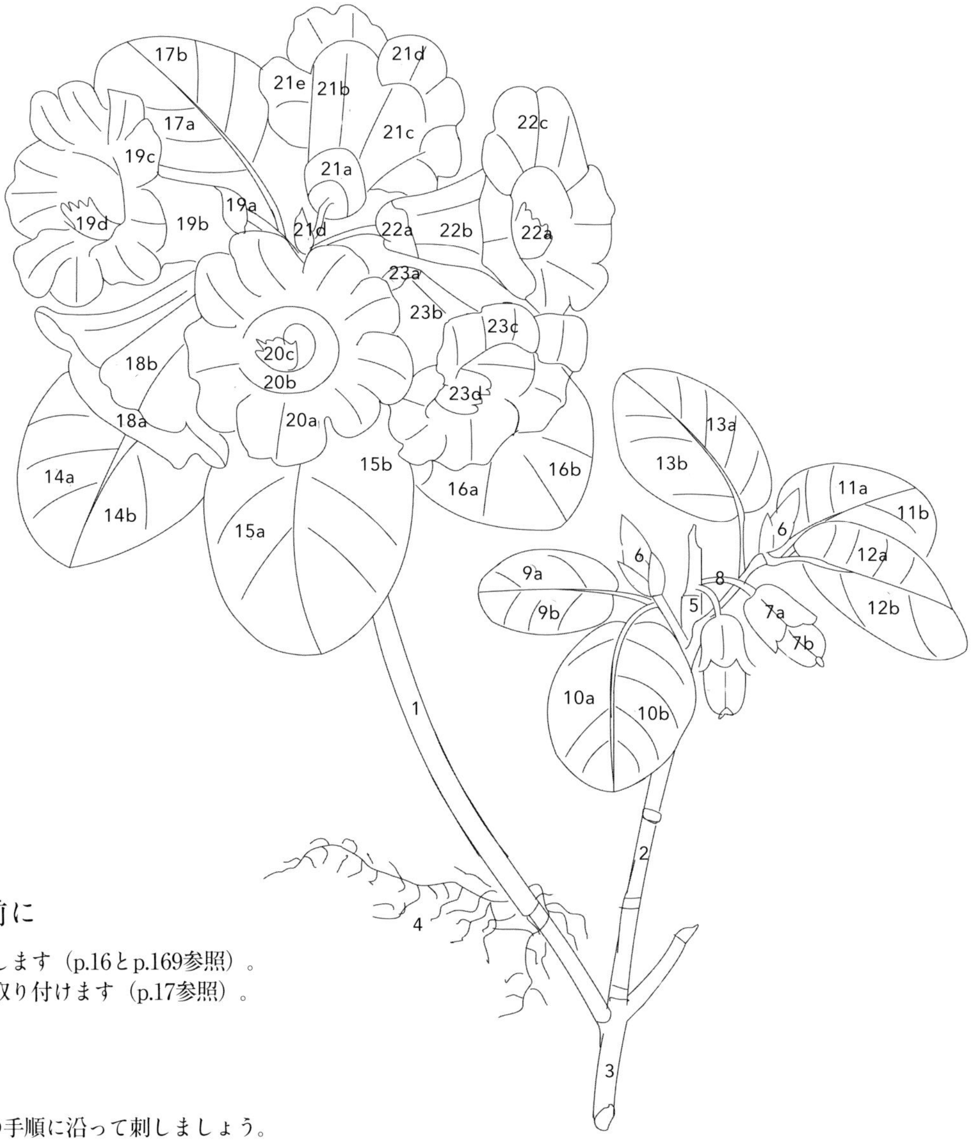

刺し始める前に

・図案を布に写します（p.16とp.169参照）。
・布を刺繍枠に取り付けます（p.17参照）。

刺し方

p.110からp.115の手順に沿って刺しましょう。

STEP 1, 2, 3, 5　**枝**

ロングアンドショートステッチで埋め、スプリットステッチでラインと輪郭を加えます。

STEP 4　**細根**

DMCコットン糸1本どりのスプリットステッチで埋めます。かなり細くしたい場合には、似た色調のポリエステルのミシン糸を使います。

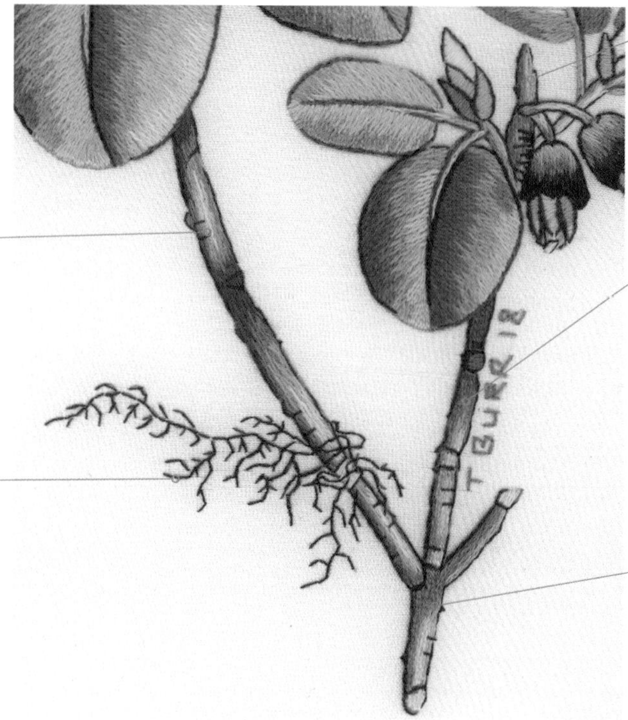

STEP 5
D543、D3864、D645
輪郭D3021

STEP 1
D543、D3864、D7、D8
輪郭D3021

STEP 2
D645、D646、D7、
D3864、D543
輪郭D3021

STEP 4
D3011、D3021

STEP 3
D3866、D543、D3864、
D3863、D7、D8、D3787
輪郭D3021

STEP 6　**小さなつぼみ**

区分けした各部をパディングしてからサテンステッチで埋め、そのあとスプリットステッチで輪郭を入れます。

STEP 7　**大きなつぼみ**

7a　ロングアンドショートステッチで埋め、スプリットステッチで輪郭を加えます。

7b　区分けした各部をパディングしてからサテンステッチで埋め、スプリットステッチで輪郭を加えます。さらに先端にストレートステッチを刺します。

STEP 8　**花軸**

スプリットステッチを細かく並べて花軸一本一本を埋め、スプリットステッチで輪郭を入れます。

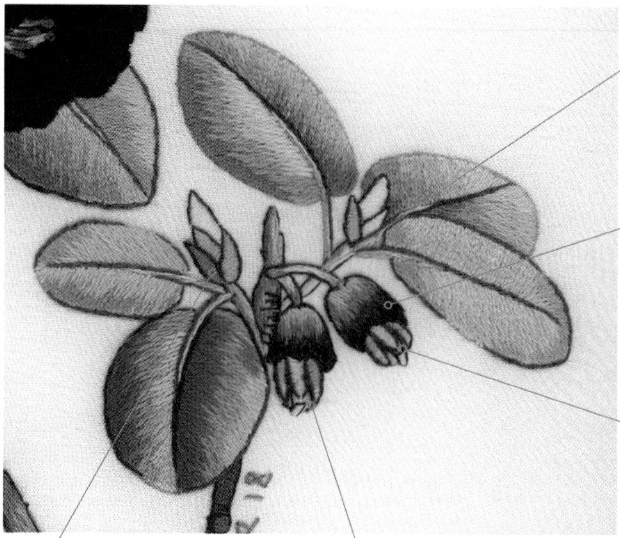

STEP 8
D10、D165、
D3013、D3364、
D3778
輪郭D3021

STEP 7a
D3827、D976、
D920、D355
輪郭D3021

STEP 7b
D2、D3
輪郭D3799

STEP 6
D165、D3013、D3778
輪郭D3021

STEP 7b
D10、D734
輪郭D3021

STEP 9, 10 葉

葉脈の両側をそれぞれ、縁から葉脈に向かってロングアンドショートステッチで埋め、スプリットステッチで葉脈を埋めます。最後に葉全体の輪郭をスプリットステッチで入れます。

STEP 9a
A2113、A2114、A1844
葉脈D165、D520
輪郭D520

STEP 9b
A2113、A2114、A1844
葉脈D165、D520
輪郭D520

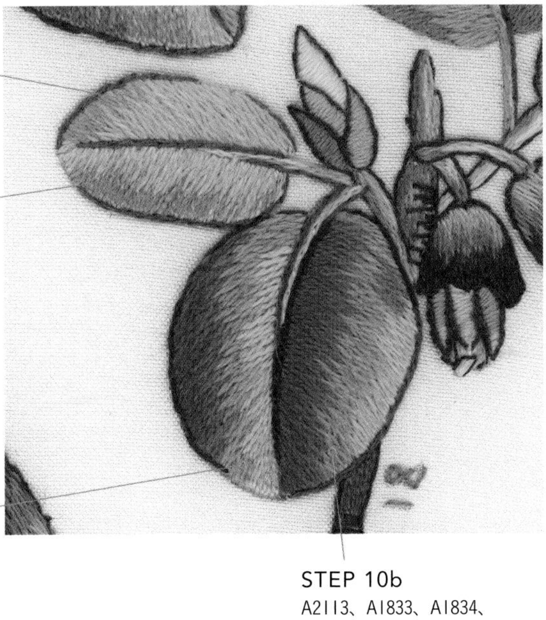

STEP 10a
A2113、A1833、A1834、
A1845、A3426
葉脈D165、D520
輪郭D520、D500

STEP 10b
A2113、A1833、A1834、
A1845、A3426
葉脈D165、D520
輪郭D520、D500

STEP 13a
A1832、A1833、A1844
葉脈D165、D471、D520

STEP 13b
A1831、A1832、A1833、A1844

STEP 11a
A1831、A1832、A1833、A1844
葉脈D165、D471、D520

STEP 11b
A1831、A1832、A1833、A1844

STEP 12a
A3421、A3422、A1843
葉脈D165、D471、D520
輪郭D520

STEP 12b
A3421、A3422、A1843

STEP 11, 12, 13 葉

葉脈の両側をそれぞれ、縁から葉脈に向かってロングアンドショートステッチで埋め、スプリットステッチで葉脈を入れます。最後に葉全体の輪郭をスプリットステッチで入れます。

STEP 14, 15, 16, 17 葉

葉脈の両側をそれぞれ、縁から葉脈に向かってロングアンドショートステッチで埋め、スプリットステッチで葉脈を入れます。最後に葉全体の輪郭をスプリットステッチで入れます。

STEP 17a
A1843、A1844、A1845
葉脈D165、D471
輪郭D3021

STEP 17b
A1843、A1844、A1845
葉脈D165、D471
輪郭D3021

STEP 14a
A1835、A1836、A1846
葉脈D165、D471

STEP 14b
A1834、A1835、A1836
A1846

STEP 16b
A2113、A1833
葉脈D165、D471、D520
輪郭D520

STEP 16a
A2113、A1833、A1834
葉脈D165、D471、D520
輪郭D520

STEP 15a
A2113、A1833、A1834、A1845
葉脈D165、D471、D500
輪郭D520

STEP 15b
A2112、A2113、A1833、A1834、A1845
葉脈D165、D471、D500
輪郭D520

STEP 18 花
区分けした各部を、縁から中心に向かってロングアンドショートステッチで埋めていきます。各部の輪郭は写真を参考にスプリットステッチで加えます。

STEP 19, 20 花
どちらの花も、区分けした各部を縁から中心に向かってロングアンドショートステッチで埋めていきます。中心部の花糸《かし》はストレートステッチで埋めます。柱頭と葯《やく》は1本どりのブリオンステッチで。それぞれ10回ほど巻いてコイル状にします。各部の輪郭は写真を参考にスプリットステッチで加えます。

STEP 19c
A1016、A945、A946
輪郭はすべてD3371、D3021

STEP 19d
A3422、D801、D976

STEP 19b
A2943、A2934、A945、A4623

STEP 18b
A2933、A2934、A2935、A946
輪郭D3371、D3021

STEP 18a
A945、A946

STEP 19a
A2113、A2114、A2933、A1016
輪郭D3021

STEP 20a
A1016、A945、A946
輪郭D3371、D3021

STEP 20c
A3422、D801、D976

STEP 20b
A946、A4625

STEP 21 花
区分けした各部を、縁から中心に向かってロングアンドショートステッチで埋めていきます。各部の輪郭は写真を参考にスプリットステッチで加えます。

STEP 22, 23 花
どちらの花も、区分けした各部を縁から中心に向かってロングアンドショートステッチで埋めていきます。中心部の花糸はストレートステッチで埋めます。柱頭と葯は1本どりのブリオンステッチで。それぞれ10回ほど巻いてコイル状にします。各部の輪郭は写真を参考にスプリットステッチで加えます。

STEP 21e
A2934、A2935、A946

STEP 21b
A946、A2935、A2934、A2933、A4623
輪郭D3021

STEP 21d
A2933、A2934、A2922

STEP 21c
A2934、A2933、A2943、A4623
輪郭D3021

STEP 21a
A2113、A2114、A2922、A945
輪郭A946、D3021

STEP 22c
A1016、A945、A946
輪郭D3371

STEP 22b
A2943、A2933、A2934、A945、A4623
輪郭D3021

STEP 22d
A3422、D801、D976

STEP 22a
A2113、A2114、A2933、A1016
輪郭D3021

STEP 23a
A2113、A2114
輪郭D3021

STEP 23b
A946、A2935、A2934、A2933、A4623
輪郭D3021

STEP 23d
A3422、D801、D976

STEP 23c
A1016、A945、A946
輪郭D3371

スイレン

Nymphaea Caerulea

原画：ピエール＝ジョゼフ・ルドゥーテ
（キュー王立植物園アートコレクションより）

作品のサイズ　13×20cm

用意するもの
・刺繡用の布　32×35cm
・糸。次ページのリスト参照。
・スーパーグリップフープ
　またはストレッチャー・
　フレーム（25.5cm）

実物大

THREAD LIST

DMC25番刺繍糸
数字の前にDをつけて表示

10	734
11	792
25	934
26	935
27	3021
156	3064
341	3772
500	3787
632	3807

AVÀSシルク糸ソワ・ダルジェ
数字の前にAをつけて表示

2133	3834
3425	3835
3426	3836
3712	3841
3713	3843
3714	3844
3715	3845
3716	5022
3724	5023
3832	5024
3833	

オ・ヴェール・ア・ソワのシルク糸ソワ・ダルジェを推奨しますが、手に入りにくい場合には、p.163の変換表を参考にしてDMCの糸を代わりに使ってください。ただし、出来上がりがまったく同じになるわけではないことにご注意ください。

刺し方

p.118からp.120の手順に沿って刺しましょう。

刺し始める前に

・図案を布に写します（p.16とp.170参照）。
・布を刺繍枠に取り付けます（p.17参照）。

STEP 1 茎

1a~1f スプリットステッチを細かく並べて、茎すべてを埋めます。どの色も1本どりにします。さらに茎の両側または片側にスプリットステッチで輪郭を入れます。色の配置は写真を参考にしてください。なお1dと1eは茎の上部と下部で色が異なっています。注意してください。

STEP 1b
A3845、A3844、
A3843、A3841
輪郭D935

STEP 1d
A3832、A3833、A3834、
A3835、A3836
輪郭D3787

STEP 1e
A3845、A3844、
A3843、A3841
輪郭D935

STEP 1e
A3713、A3714、
A3715、A3716
輪郭D935、D3021

STEP 1a
D3064、D3772、
D632、D3787

STEP 1d
A3712、A3713、A3714、
A3715、A3835、A3836
輪郭D3787

STEP 1c
A3845、A3844、A3843、
A3841、A3713、A3712

STEP 2 つぼみ

2a, 2b　先端から付け根に向かってロングアンドショートステッチで埋めていきます。2aのつぼみの付け根にはサテンステッチを入れます。どちらも輪郭はD934のスプリットステッチで入れます。

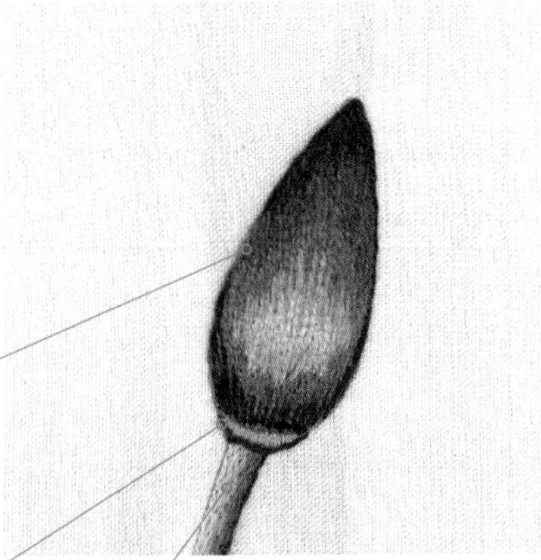

STEP 2a
A3713、A3714、A3715、A3716、D934

STEP 2a
A3713

STEP 1f
A3712、A3713、A3714、A3715
輪郭D3021

STEP 2b
A3713、A3714、A3715、A3716、D934

STEP 3 大きな葉

葉脈で区切られた葉の各部を、縁から葉の中心に向かってロングアンドショートステッチで埋め、D500のスプリットステッチで葉脈と輪郭を入れます。各部の色の配置がよくわからないときには、写真を参考にして糸の色を確認してください。

STEP 3c
A2133、A3724、A3425

STEP 3b
A2133、A3724、A3425、A3426

STEP 3j
A3724、A2133

STEP 3a
A2133、A3724、A3425、A3426

STEP 3j
A3724、A3425、A3426

STEP 3d
A2133、A3724、A3425、A3426

STEP 3e
A2133、A5023、A3425、A3426

STEP 3f
A5022、A5023、A5024、A3425、A3426

STEP 3g
A5022、A5023、A5024、A3425、A3426

STEP 3h
A5024、A3426

STEP 3j
A3425、A3426

STEP 4　左側のスイレンの花びら

先端から付け根に向けてロングアンドショートステッチで埋めていき、スプリットステッチで輪郭を入れます。

STEP 5　左側のスイレンの葉

先端から付け根に向けてロングアンドショートステッチで埋めていき、スプリットステッチで輪郭を入れます。

STEP 6　花の中心部

花びらの付け根にストレートステッチを入れます。花糸《かし》はスプリットステッチで埋めます。葯《やく》は1本どり2回巻きのフレンチノットステッチで作ります。

STEP 6
葯D3807、D26

STEP 6
花糸A3715

STEP 6
花びらの付け根D10、D11、D734

STEP 5c
A3713、A3714

STEP 4b
D3807、D156、D26
輪郭D792

STEP 5b
A3714、A3715、A3716
輪郭D934

STEP 5a
A3713、A3714、A3715、A3716
輪郭D935、D934

STEP 4a
D3807、D156、D26、D25、D27
輪郭D792

STEP 4c
D792、D3807、D156、D26、D25、D10、D11
輪郭D792

STEP 5b
A3714、A3715、A3716
輪郭D934

STEP 7　右側のスイレンの花びら

先端から付け根に向けてロングアンドショートステッチで埋めていき、スプリットステッチで輪郭を入れます。

STEP 8　右側のスイレンの葉

先端から付け根に向けてロングアンドショートステッチで埋めていき、スプリットステッチで輪郭を入れます。

STEP 7b
D3807、D156、D341
輪郭D792

STEP 7a
D3807、D156、D341、D26、D25、D27
輪郭D792

上記STEP 6参照

STEP 7a
D3807、D156、D341、D26、D25、D27
輪郭D792

STEP 7b
D3807、D156、D341、D26
輪郭D792

STEP 7b
D3807、D156、D341、D26
輪郭D792

STEP 8a
A3713、A3714、A3715、A3716
輪郭D935、D934

STEP 7c
D792、D3807、D156、D341、D26、D10、D734
輪郭D792

TBURR 18

実物大

アヤメ

Iris Sanguinea

原画：岩崎灌園『本草図譜』（薬草の植物図鑑）の木版画（1828年）
（キュー王立植物園アートコレクションより）

刺し始める前に

・図案を布に写します（p.16とp.171参照）。
・布を刺繍枠に取り付けます（p.17参照）。

刺し方

p.124からp.127の手順に沿って刺しましょう。

THREAD LIST

DMC25番刺繍糸 数字の前にDをつけて表示	AVÀSシルク糸 ソワ・ダルジェ 数字の前にAをつけて表示
310	112
632	242
935	532
3772	1341
3787	1342
BLANC	1343
	1344
	1345
	1426
	1721
	1842
	1843
	1844
	1845
	1846
	2132
	2133
	2134
	2135
	3732
	3733
	3734
	4213
	4214
	4913
	4914
	4915
	4916

オ・ヴェール・ア・ソワのシルク糸ソワ・ダルジェを推奨しますが、手に入りにくい場合には、p.163の変換表を参考にしてDMCの糸を代わりに使ってください。ただし、出来上がりがまったく同じになるわけではないことにご注意ください。

作品のサイズ　14×24cm

用意するもの
・刺繍用の布　32×35cm
・糸。上のリスト参照。
・スーパーグリップフープまたはストレッチャー・フレーム（25.5cm）

STEP 1　茎と葉

茎も葉もロングアンドショートステッチで埋めます。色の配置や色調については写真を参考にしてください。

STEP 2　萼《がく》

ロングアンドショートステッチで埋めます。さらにスプリットステッチでラインを入れます。萼と萼の境目にはBLANCのスプリットステッチを入れます。写真を参考にしてください。

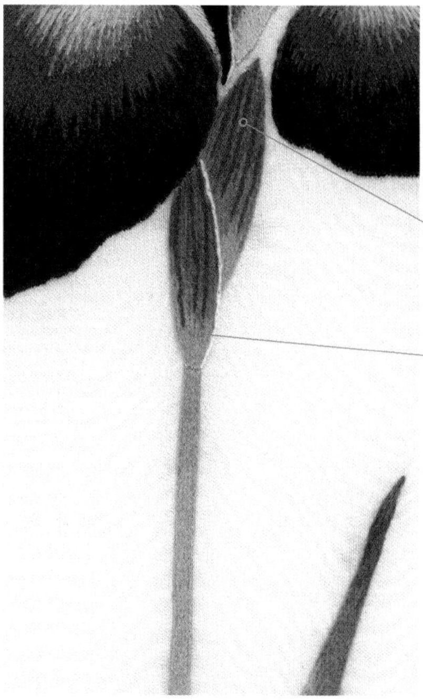

アヤメ

STEP 3 ~ 9　花びら
すべてロングアンドショートステッチで埋めます。花びらと花びらの境目にはBLANCでスプリットステッチを入れます。写真を参考にしてください。

STEP 3
A1343、A1344、A1345

STEP 4
A1343、A1344

STEP 5
A1344、A1345、A1426

STEP 6
A4914、A4915、A4916、A1345

STEP 7
A1342、A1343、A1344、A1345、A1426

STEP 3
A1343、A1344、A1345

STEP 8
A242、A532

STEP 9
A1721、A1342

STEP 7
A1341、A1342、A1721、A112

STEP 10 ~ 18　花びら
すべてロングアンドショートステッチで埋めます。花びらと花びらの境目にはBLANCでスプリットステッチを入れます。写真を参考にしてください。

STEP 19　文字
黒の糸D310を使ってスプリットステッチで刺します。

STEP 12
A4913、A4914、A4915、A4916、A1345

STEP 13
A1344、A1345、A1426

STEP 15
A1721、A1341、A1342
輪郭D3787

STEP 18
A1426

STEP 10
A4913、A4914、A4915、A4916、A1345、A1426

STEP 11
A1344、A1345

STEP 14
A4915、A4916、A1345

STEP 17
A1341、A1342、A1721、A112、A242、A532

STEP 16
A1342、A1343、A1344、A1345、A1426

菊

実物大

菊

Dendranthema

原画：岩崎灌園『本草図譜』（薬草の植物図鑑）の木版画（1828年）
（キュー王立植物園アートコレクションより）

作品のサイズ　17.5×23.5cm

用意するもの
・刺繍用の布　32×35cm
・糸。左のリスト参照。
・スーパーグリップフープまたは
　ストレッチャー・フレーム（25.5cm）

THREAD LIST

DMC25番刺繍糸 数字の前に Dをつけて表示	AVÀSシルク糸 ソワ・ダルジェ 数字の前に Aをつけて表示
09	1832
310	1833
500	1842
501	1843
3860	1844
	1845
	2122
	2132
	2133
	2134
	2135
	2926
	2941
	3011
	3733
	3734
	4147
	4622
	4623
	4624

オ・ヴェール・ア・ソワのシルク糸ソワ・ダルジェを推奨しますが、手に入りにくい場合には、p.163の変換表を参考にしてDMCの糸を代わりに使ってください。ただし、出来上がりがまったく同じになるわけではないことにご注意ください。

刺し始める前に

・図案を布に写します（p.16とp.172参照）。
・布を刺繍枠に取り付けます（p.17参照）。

刺し方

p.131からp.132の手順に沿って刺しましょう。

菊

STEP 1　茎

スプリットステッチを細かく並べて埋めます。色の配置については写真を参考にしてください。

STEP 2　葉

中央の葉脈の両側を、縁から葉脈に向かってそれぞれロングアンドショートステッチで埋めていきます。スプリットステッチでラインと葉脈を入れます。

STEP 3　葉

3a, 3b　中央の葉脈の両側を、縁から葉脈に向かってそれぞれロングアンドショートステッチで埋めていきます。スプリットステッチでラインと葉脈を入れます。

3c　小さな葉はロングアンドショートステッチまたはサテンステッチで埋め、スプリットステッチでラインを入れます。

STEP 4　葉

4a, 4b　中央の葉脈の両側を、縁から葉脈に向かってそれぞれロングアンドショートステッチで埋めていきます。スプリットステッチでラインと葉脈を入れます。

4c　小さな葉はロングアンドショートステッチまたはサテンステッチで埋め、スプリットステッチでラインを入れます。

STEP 5　葉

中央の葉脈の両側を、縁から葉脈に向かってそれぞれロングアンドショートステッチで埋めていきます。スプリットステッチでラインと葉脈を入れます。

STEP 6　小さな葉

ロングアンドショートステッチで埋め、スプリットステッチで輪郭を入れます。

STEP 5a
A1843、A1844
葉脈D500

STEP 3b
A1842、A1843、
A1844、A1845
葉脈D500

STEP 6
A2132、A2133、A2134
葉脈D501

STEP 5b
A1843、A1844
葉脈D500

STEP 4a
A1832、A1833、A1844
葉脈D500

STEP 3a
A1832、A1833、
A1844、A1845
葉脈D500

STEP 4b
A1843、A1844、A1845
葉脈D500

STEP 4c
A2132、A2133、A3733、A3734
葉脈D500

STEP 2a
A1832、A1833、A1844、A1845
葉脈D500

STEP 2b
A1842、A1843、
A1844、A1845
葉脈D500

STEP 1
A2122、A2133、
A2134、A2135

STEP 3c
A2132、A2133、A2135、
A3733、A3734
葉脈D500

STEP 12
D310

STEP 7　小さな葉
ロングアンドショートステッチで埋め、スプリットステッチでラインを入れます。

STEP 8　つぼみ
つぼみはロングアンドショートステッチで、萼《がく》はサテンステッチで埋めます。スプリットステッチで輪郭を加えます。

STEP 9　萼《がく》
ロングアンドショートステッチで埋め、スプリットステッチで輪郭を入れます。

STEP 10　小さな花
花びらの一枚一枚を先端から付け根に向かってロングアンドショートステッチで埋め、スプリットステッチで輪郭を入れます。色調の移り具合は写真を参考にしてください。

STEP 11　大きな花
花びらの一枚一枚を先端から付け根に向かってロングアンドショートステッチで埋め、部分的にスプリットステッチで輪郭を入れます。どこに輪郭を入れるかは写真を参考にしてください。先端の色の濃い部分はロングアンドショートステッチで埋め、スプリットステッチで輪郭を入れます。

STEP 12　文字
スプリットステッチを細かく並べて埋めます。

Papave

ADVANCED PROJECTS

上級編

バラ

Rosa Gallica 'Versicolor'

原画：ピエール＝ジョゼフ・ルドゥーテ
（キュー王立植物園アートコレクションより）

作品のサイズ　13.5×14.5cm

用意するもの
・刺繍用の布　32×32cm
・糸。次ページのリスト参照。
・スーパーグリップフープ（20cm）

実物大

THREAD LIST

DMC25番刺繡糸
数字の前にDをつけて表示

09
152
221
223
224
225
452
453
471
500
501
680
727
729
869
935
3078
3348
3721
3722
3860
3861
3865
BLANC

Anchor25番刺繡糸
数字の前にAをつけて表示

213
214
215
216
267
268

刺し始める前に

・図案を布に写します（p.16とp.173参照）。
・布を刺繡枠に取り付けます（p.17参照）。

刺し方

p.140からp.143の手順に沿って刺しましょう。
特に指示がないとき、糸は１本どりにします。

STEP 1　茎
スプリットステッチを細かく並べて埋めます。色調は明から暗へ。

STEP 2　葉
中央の葉脈の両側をそれぞれロングアンドショートステッチで埋め、スプリットステッチで葉脈を入れます。

STEP 3　萼《がく》
ロングアンドショートステッチで埋め、スプリットステッチでラインを入れます。

STEP 3
D3348、D471、A267、A268
ラインD869、D09

STEP 2a
A267、D471、D3348
中央の葉脈D935

STEP 2b
D3348、D471、A267、A268、D935

STEP 1
D3348、D471、A267、A268
ラインD09

STEP 4, 5, 6　葉
まず個々の葉脈をスプリットステッチで埋めます。次に葉脈と葉脈の間をそれぞれロングアンドショートステッチで埋めます。このとき中央の葉脈を挟んだどちらかの側をすべて刺し終えてから、反対側にとりかかりましょう。もう一度すべての葉脈にスプリットステッチを入れて、くっきり見えるようにします。葉の端にD501でストレートステッチを適宜入れて、小さなトゲに見えるようにします。最後に中央の葉脈にスプリットステッチを入れます。

STEP 7　葉
同じように、ぴったりはまるように刺していきます。トゲはありません。

STEP 4
A213、A214、A215、A216
葉脈D501、D500

STEP 7
A215、A216
葉脈D500

STEP 4
A213、A214
葉脈D501

STEP 5
A216、A215、A214、D501

STEP 5
A213、A214、A215、D501
葉脈D501、D500

STEP 6
A213、A214、A215、A216
葉脈D501、D500

STEP 6
A213、A214、A215、A216
葉脈D501、D500

STEP 9
A267、A268
葉脈D500

STEP 9
D3348、D471、A267、A268
葉脈D500

STEP 9
D471、A268
葉脈D500

STEP 8
A267、A268、D501
葉脈D500

STEP 8
A267、A268
葉脈D500

STEP 8, 9 葉

まず個々の葉脈をスプリットステッチで埋めます。次に葉脈と葉脈の間をそれぞれロングアンドショートステッチで埋めます。このとき中央の葉脈を挟んだどちらかの側をすべて刺し終えてから、反対側にとりかかりましょう。もう一度すべての葉脈にスプリットステッチを入れて、くっきり見えるようにします。葉の端にD501でストレートステッチを適宜入れて、小さなトゲに見えるようにします。最後に中央の葉脈にスプリットステッチを入れます。

STEP 10 つぼみと萼《がく》

つぼみの花びらの一枚一枚をロングアンドショートステッチで埋めます。濃い目のラインをスプリットステッチで入れます。萼はまず2本どりのストレートステッチで一枚ずつパディングをしてから、ロングアンドショートステッチをのせます。そのあとスプリットステッチで輪郭を入れます。

STEP 10
D223、D3722、D3721
ラインD09

STEP 10
D221、D3722
ラインD09

STEP 10
D223、D3721、D221
ラインD09

STEP 10
D3348、D471、A267、A268、D935
輪郭D935、D09

STEP 10
D225、D224、D152、D223
ラインD09

STEP 11, 12 つぼみと萼《がく》

区分けしたつぼみの各部をロングアンドショートステッチで埋めます。狭くて難しい場合にはサテンステッチで埋めます。花びらの輪郭はD09のスプリットステッチで入れます。萼はまず一枚一枚、2本どりのストレートステッチでパディングをし、この上にロングアンドショートステッチをのせます。D09のスプリットステッチで輪郭を加えます。

STEP 13
D225、D224、D152、
D223、D3721
輪郭D09

STEP 13
D3722、D3721

STEP 13
D221
輪郭D09

STEP 13
D152、D223
輪郭D09

STEP 13
D3348、D471、A267、A268
輪郭D09

STEP 13
D3722、D3721

STEP 13 つぼみと萼《がく》

区分けしたつぼみの各部をロングアンドショートステッチで埋めます。狭くて難しい場合にはサテンステッチで埋めます。花びらの輪郭とラインはスプリットステッチで入れます。萼もロングアンドショートステッチで埋め、輪郭をD09のスプリットステッチで入れます。

STEP 14　バラの花びら

一番奥の花びらから刺し始めて、手前の花びらへ進みます。まずそれぞれの花びらに2本どりのスプリットステッチで輪郭を入れます。花びらの面はロングアンドショートステッチで、縁から中心に向かって埋めていきます。このとき必ず、スプリットステッチの輪郭の上から刺してください。花びらの色の配置は写真を参考にしてください。斑入りの部分（ストライプ部分）があるので色調を変えることになりますが、そうせずにあとからストライプを加えることもできます。最後に改めてD09とD3721のスプリットステッチで、くっきりと輪郭を加えます。

STEP 14
BLANC、D3865、D225、D152

STEP 14
D452、D3860

STEP 14
D3865、D225

STEP 14
D3865、D225、D152、D223、D3722、D3721、D452

STEP 14
BLANC、D3865、D225、D152、D223、D3722、D3721、D452、D453

STEP 14
BLANC、D3865、D225、D152

STEP 14
BLANC、D3865、D225、D152、D223、D3722、D3721

STEP 14
D3722、D3721、D221

STEP 14
BLANC、D3865、D225、D152、D223、D3722、D3721

STEP 14
BLANC、D3865、D225、D152、D223、D3722

STEP 14
D452、D3861、D3860

STEP 14
D453、D452、D3865、D152、D223、D3722、D3721、D221

STEP 14
D452、D453、D3865、D3861、D3860

STEP 14
D3721、D223、D152、D225、D3865

STEP 14
D3861、D3860、D3722、D152

STEP 14
D453、D452、D3861、D3860

STEP 14
D152、D3722、D221

STEP 14
BLANC、D3865、D452

STEP 14
BLANC、D225、D224、D3722、D3721、D221

STEP 14
BLANC、D3865、D453、D452、D152、D3861

STEP 15
D680、D729、D727、D3078

STEP 15　バラの中心部

フレンチノットステッチで粒を作ります。各色、2本どりで1回巻きです。

タイサンボク

Magnolia Grandiflora

原画：ゲオルク・ディオニシウス・エーレット
（キュー王立植物園アートコレクションより）

作品のサイズ　12.5×16cm

用意するもの
・刺繡用の布　32×35cm
・糸。次ページのリスト参照。
・スーパーグリップフープ（20cm）

実物大

THREAD LIST

DMC25番刺繍糸
数字の前にDをつけて表示

310	927
433	934
471	935
472	3011
500	3021
520	3051
645	3052
646	3053
732	3363
830	3787

AVÀSシルク糸
ソワ・ダルジェ
数字の前にAをつけて表示

531	3841
2232	3842
3221	3843
3222	3844
3224	3845
3421	3846
3442	4096
3712	4102
3713	4104
3814	BLANC
3832	

オ・ヴェール・ア・ソワのシルク糸ソワ・ダルジェを推奨しますが、手に入りにくい場合には、p.163の変換表を参考にしてDMCの糸を代わりに使ってください。ただし、出来上がりがまったく同じになるわけではないことにご注意ください。

刺し始める前に

・図案を布に写します（p.16とp.174参照）。
・布を刺繍枠に取り付けます（p.17参照）。

刺し方

p.146からp.153の手順に沿って刺しましょう。

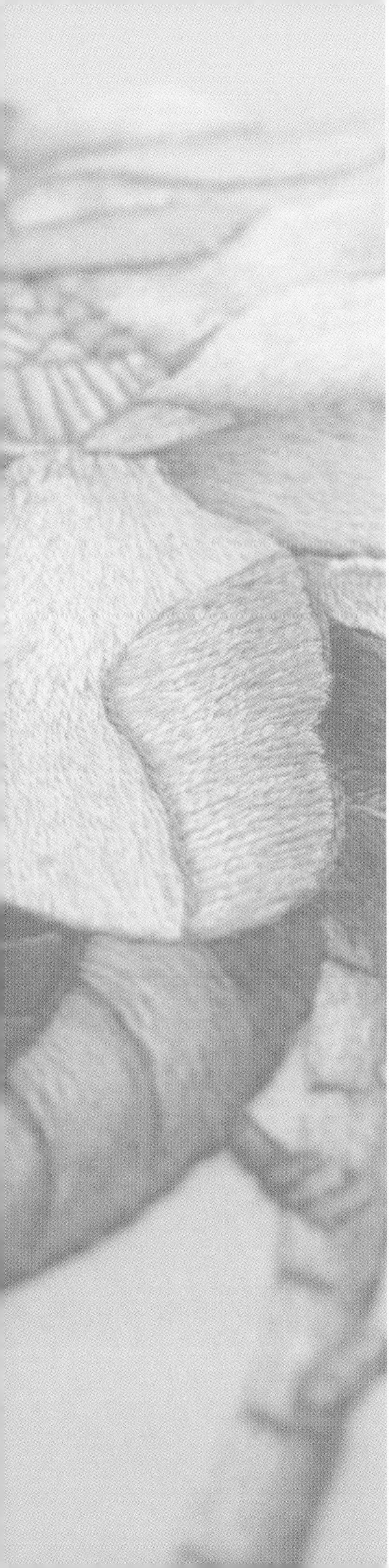

STEP 1　枝
ロングアンドショートステッチで埋めるか、スプリットステッチを細かく並べて埋めるかします。枝からV字に出ている小さな枝はサテンステッチで埋めます。いずれも輪郭はスプリットステッチまたはストレートステッチで入れます。写真を参考にしてください。

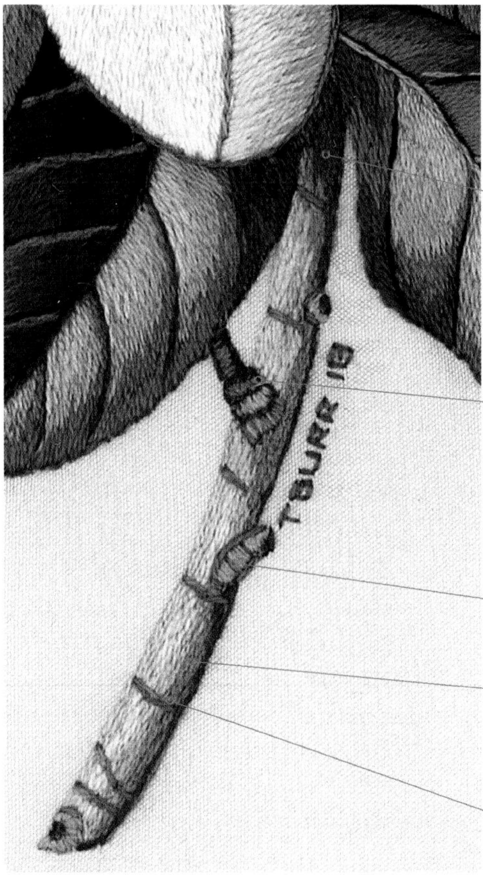

STEP 2 葉
区分けした各部をパディングします。中央の葉脈の両側をそれぞれロングアンドショートステッチで埋めます。葉脈はどれもスプリットステッチで入れます。

STEP 3 葉
区分けした各部をパディングします。中央の葉脈の両側をそれぞれロングアンドショートステッチで埋めます。葉脈はどれもスプリットステッチで入れます。

STEP 4 葉
区分けした各部をパディングします。中央の葉脈の両側をそれぞれロングアンドショートステッチで埋めます。葉脈はどれもスプリットステッチで入れます。

STEP 5 小さな葉
スプリットステッチを細かく並べて埋めます。

葉をパディングするには

葉はパディングしてからロングアンドショートステッチで埋めます。糸は中程度の明るさの緑で２本どり。まず図案の横方向にストレートステッチを刺していきます。このとき葉脈の部分にはかからないようにします。パディングをして盛り上がった上に、ロングアンドショートステッチを刺します。

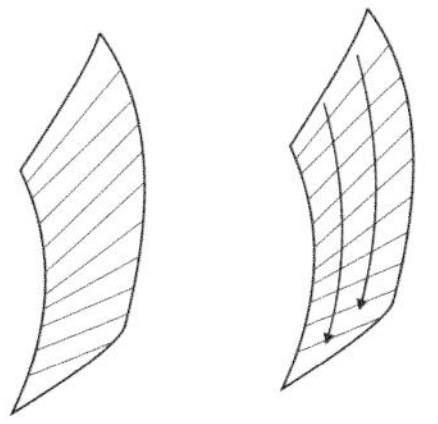

パディング　　ロングアンド ショートステッチの方向

STEP 4
D3052、D3051、D935
ラインD3011

STEP 3
D934、D310

STEP 3
D3011、D3051、D935

STEP 3
D927、D3053、D3052、D3011
ラインD3051

STEP 2
D3011、D3051、D935
葉脈D732、D3011、D310

STEP 5
D471、D732、D830、D433
輪郭D3021

STEP 3
D934、D310

STEP 4
D3052、D3051、D935
ラインD3011

STEP 2
D934、D310

STEP 2
葉脈D935、D934

STEP 2
D3053、D3052、D3051、D935
ラインD934

STEP 6 葉

区分けした各部をパディングします（p.147参照）。中央の葉脈の両側をそれぞれロングアンドショートステッチで埋めます。葉脈はどれもスプリットステッチで入れます。

STEP 7 葉

中央の葉脈の右側だけ、区分けした各部をパディングします。左側はパディングしません。その上で中央の葉脈の両側をそれぞれロングアンドショートステッチで埋めます。葉脈はどれもスプリットステッチで入れます。また光って見えるように、一度刺した上にハイライトを入れます。

STEP 8 葉

区分けした各部をパディングします。中央の葉脈の両側をそれぞれロングアンドショートステッチで埋めます。葉脈はどれもスプリットステッチで入れます。

STEP 9 小さな葉

スプリットステッチを細かく並べて埋めます。葉脈もスプリットステッチで埋めます。さらにスプリットステッチで輪郭を加えます。

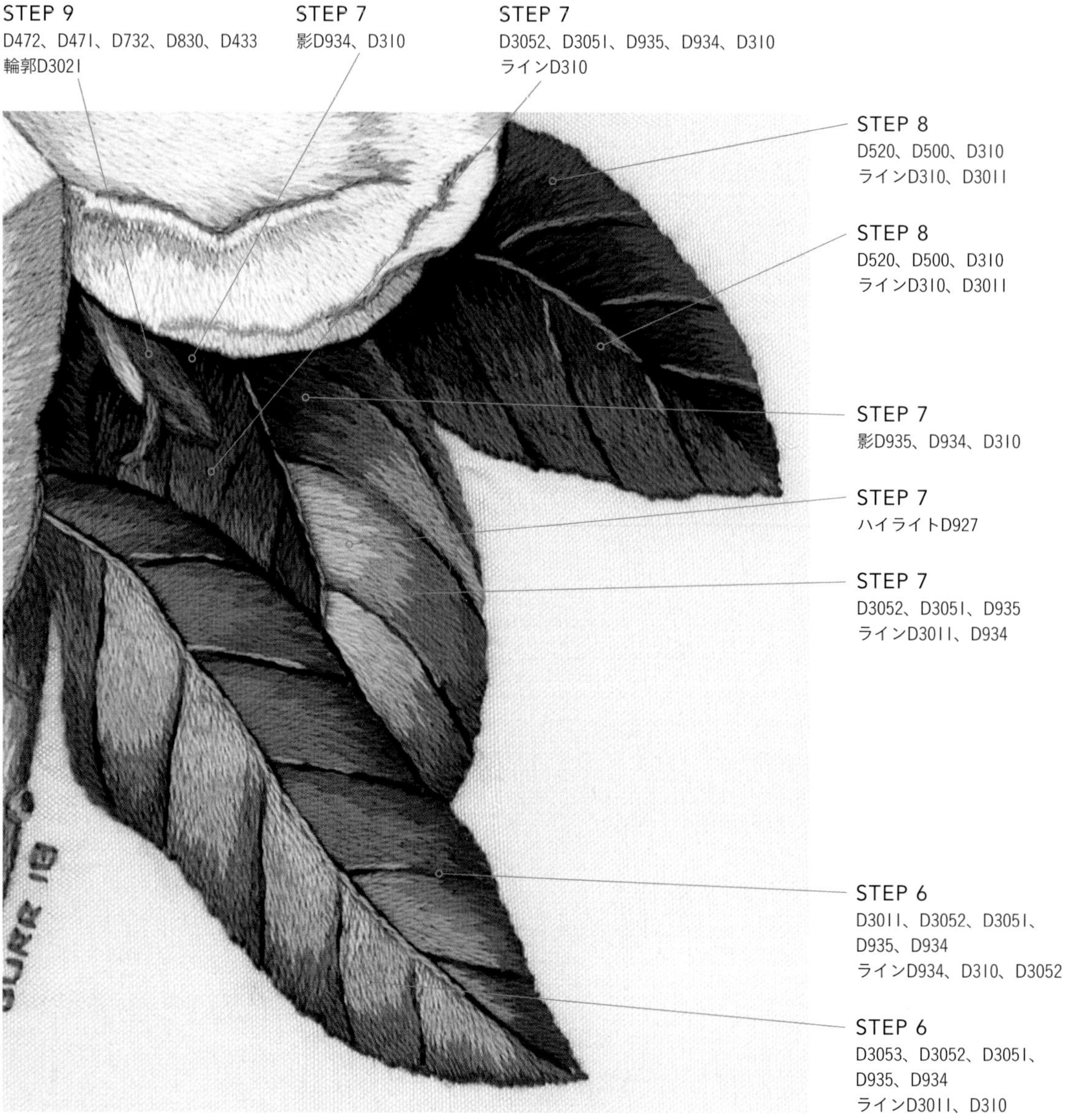

STEP 10 ~ 13　葉

中央の葉脈の両側を、ロングアンドショートステッチで埋めます。葉脈はどれもスプリットステッチで入れます。ここの葉は花の裏側にあるのでパディングはしません。

STEP 11
D520、D500
ラインD3011、D310

STEP 11
D3363、D520、
D500
ラインD3011、D310

STEP 10
D3363、D520、D500
ラインD3011、D310

STEP 13
D3053、D3052、D3051、
D935、D934

STEP 12
D3053、D3052、
D3051、D935

STEP 14　花びら

A3221のスプリットステッチで輪郭を入れ、縁から中心に向かってロングアンドショートステッチで埋めます。めくれたところはパディングしてからサテンステッチで埋めます。最後に改めてすべての輪郭をスプリットステッチで入れます。

STEP 15　花びら

A3221のスプリットステッチで輪郭を入れます。花びらの内側は、縁から中心に向かってロングアンドショートステッチで埋めます。花びらの下側もロングアンドショートステッチで埋めます。小さくめくれているところは、パディングしてからサテンステッチで埋めます。最後に改めてすべての輪郭をスプリットステッチで入れます。

STEP 16　花びら

A3221のスプリットステッチで輪郭を入れ、縁から中心に向かってロングアンドショートステッチで埋めます。花びらの下側はパディングしてからロングアンドショートステッチで埋めます。最後に改めてすべての輪郭をスプリットステッチで入れます。

STEP 17　花びら

A3221のスプリットステッチで輪郭を入れ、縁から中心に向かってロングアンドショートステッチで埋めます。花びらの下側はパディングしてからロングアンドショートステッチで埋めます。最後に改めてすべての輪郭をスプリットステッチで入れます。

花びらの輪郭

すべてD646またはD645を使います。

STEP 14
BLANC

STEP 14
BLANC、A4096、
A4104、A3221、
A3222、A3712、
A3442

STEP 16
BLANC、A3442、
A3221、A4096、
A4104

STEP 16
BLANC、A3222

STEP 15
A3442、A3843、
A3842、A3221

STEP 15
BLANC、A4104、
A3224、D645

STEP 17
BLANC、A4096、
A4104、A3221、
A3222、A3712、
A3442
輪郭D645

STEP 17
A3221、A3222

STEP 18 花びら
A3221のスプリットステッチで輪郭を入れ、縁から中心に向かってロングアンドショートステッチで埋めます。最後に改めて輪郭をスプリットステッチで入れます。

STEP 19 花びら
A3221のスプリットステッチで輪郭を入れます。花びらの内側は縁から中心に向かってロングアンドショートステッチで埋めます。縁とめくれたところもロングアンドショートステッチで埋めます。最後に改めて輪郭をスプリットステッチで入れます。

STEP 20 花びら
A3221のスプリットステッチで輪郭を入れ、縁から中心に向かってロングアンドショートステッチで埋めます。めくれたところはパディングしてからサテンステッチで埋めます。最後に改めて輪郭をスプリットステッチで入れます。

STEP 21 花びら
A3221のスプリットステッチで輪郭を入れます。花びらの下側は、幅広の部分から中心に向かってロングアンドショートステッチで埋めます。花びらの表もロングアンドショートステッチで埋めます。めくれたところはパディングしてからサテンステッチで埋めます。最後に改めて輪郭をスプリットステッチで入れます。

STEP 22 花びら
A3221のスプリットステッチで輪郭を入れ、縁から中心に向かってロングアンドショートステッチで埋めます。最後に改めて輪郭をスプリットステッチで入れます。

STEP 23 花びら
A3221のスプリットステッチで輪郭を入れ、縁から中心に向かってロングアンドショートステッチで埋めます。最後に改めて輪郭をスプリットステッチで入れます。

花びらの輪郭
すべてD646またはD645を使います。

STEP 18
BLANC、A4104、A3221

STEP 22
BLANC、A4102、
A4104、A3222、A3442

STEP 23
A3222、A3442

STEP 21
BLANC、A4104、A3221、
A3222、A3442

STEP 23
BLANC、A4102、A4104、
A3222、A3442

STEP 23
BLANC、A4096、A3221、
A3222、A3442、A3224、A3712

STEP 20
BLANC、A3221、A3222、
A3442、A3224、A4104

STEP 20
BLANC、A3221、A3222

STEP 19
BLANC、A4096、A3221、
A3222、A3842、A3224、A3712、
A3713
影D3787、D645

STEP 19
BLANC、A4096、A3221

STEP 19
A3221、A3842、A3843、A3844、
A4104

STEP 24
A531、A2232、A3814
輪郭D646

STEP 24
BLANC
輪郭D645

STEP 24　花の中心部
上半分の区分けした各部をパディングしてからサテンステッチで埋め、それぞれの輪郭をスプリットステッチで入れます。下半分はストレートステッチで埋め、その針目と針目の間にスプリットステッチでラインを入れます。

ポピー刺繍サンプラー

Papaver Somniferum

『ケーラーの薬用植物』第２巻（1887年）彩色図版
（キュー王立植物園アートコレクションより）

作品のサイズ　14×18cm

用意するもの
・刺繍用の布　32×32cm
・糸。次ページのリスト参照。
・スーパーグリップフープまたは
　ストレッチャー・フレーム（25.5cm）

実物大

THREAD LIST

DMC25番刺繍糸
数字の前にDをつけて表示

10	830	3023
469	831	3024
471	833	3047
472	834	3052
611	934	3053
612	935	3363
613	936	3371
642	3011	3781
644	3012	3787
733	3013	3827
734	3021	3866
760	3022	

AVÀSシルク糸
ソワ・ダルジェ
数字の前にAをつけて表示

643
915
916
922
923
2613
2643
2644
2645
2646
2912
4102
017f

オ・ヴェール・ア・ソワのシルク糸ソワ・ダルジェを推奨しますが、手に入りにくい場合には、p.163の変換表を参考にしてDMCの糸を代わりに使ってください。ただし、出来上がりがまったく同じになるわけではないことにご注意ください。

刺し始める前に

・図案を布に写します（p.16とp.175参照）。
・布を刺繍枠に取り付けます（p.17参照）。

刺し方

p.156からp.162の手順に沿って刺しましょう。

STEP 1 茎

茎はすべてスプリットステッチを細かく並べて埋めます。大きい方のポピーの茎にはさらにスプリットステッチで輪郭を加えます。うぶ毛は小さくストレートステッチを刺します。どこに刺すかはp.154の写真を参考にしてください。

STEP 2 つぼみ

ロングアンドショートステッチで埋め、スプリットステッチでラインを入れます。

STEP 3 小さな葉

区分けした各部をロングアンドショートステッチで埋めます。狭すぎて難しい場合にはサテンステッチで埋めます。中央の葉脈はスプリットステッチで埋めます。最後にスプリットステッチで輪郭を入れます。

STEP 4 大きな葉

D3052を２本どりにしてスプリットステッチで一枚一枚輪郭を入れます。区分けした各部は、縁から中央の葉脈に向かってロングアンドショートステッチで埋めます。葉脈はD3013、D3053、D935のスプリットステッチで入れます。最後に改めてすべての輪郭をD934のスプリットステッチで入れます。

STEP 5　赤いポピー

A915を2本どりにしてスプリットステッチで花びらすべてに輪郭を入れ、縁から中心に向かってロングアンドショートステッチで埋めます。花びらのしわは暗めの色調にして、スプリットステッチで入れます。写真を参考にしてください。最後に改めてすべての輪郭をD3021のスプリットステッチで入れます。

5b　ラインを並べます。色の配置は写真を参考にしてください。
5j　区分けした各部をロングアンドショートステッチで埋め、スプリットステッチでラインと輪郭を入れます。
5k　花の中心部の回りにラインを並べます。その上に1本どり2回巻きのフレンチノットステッチで粒を加えます。

STEP 5j
D834、D833、D469、D935
輪郭D935

STEP 5k
ラインD3781、D612
粒D613、D834、D3781
ラインD613、D3781

STEP 5a
A922、A923、
A915、A916、
A2645、A2646

STEP 5c
A922、A923、
A915、A916、
A2645、A2646

STEP 5b
A643、D2613、
D612、D611
影D3781

STEP 5g
A2646、A2645、
A2644、A916、
A915
めくれたところ
A923、A922

STEP 5d
A922、A923、
A2643、A2644

STEP 5e
A923、A915、
A2645

STEP 5h
A922、A923、A916、
A2645、A2646

STEP 5i
A922、A923、A915、A916、
A2644、A2645、A2646

STEP 5f
A923、A915、A2645、A2646
めくれたところA922、
A923、A915

STEP 6

6a　区分けした各部をロングアンドショートステッチで埋めます。D3021のスプリットステッチでラインを入れます。

6b　茎をロングアンドショートステッチで埋め、スプリットステッチで輪郭を入れます。

6c　区分けした各部を、スプリットステッチを細かく並べて埋めます。縁にはストレートステッチを入れます。最後にスプリットステッチまたはストレートステッチですべての輪郭を入れます。

STEP 6c
D3827、D3047、D612
輪郭D3021

STEP 6a
D3047、D834、D733
輪郭D3021

STEP 6b
D3047、D834、D733、D831、D830、D3781
輪郭D3021

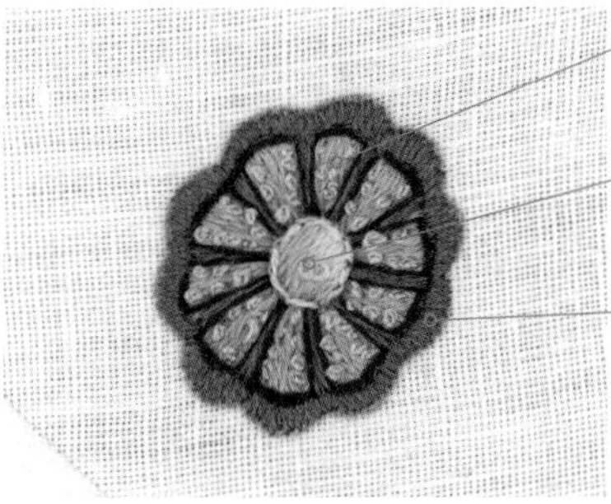

STEP 7a
D3013、D3052

STEP 7c
D3013、D3047

STEP 7b
D3011

STEP 7

7a　D3052のロングアンドショートステッチで埋めます。D3013のフレンチノットステッチ（1回巻き）で小さな粒を加えます。

7b　オーバーキャストステッチで埋めます。

7c　D3013のサテンステッチで埋めます。D3047で輪郭を入れます。

7c以外の輪郭はすべてD934のスプリットステッチで入れます。

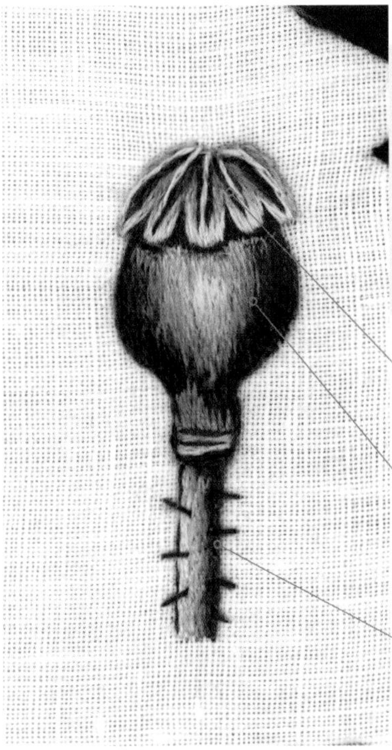

STEP 8

8a　ロングアンドショートステッチで埋め、スプリットステッチで輪郭を入れます。

8b　スプリットステッチを細かく並べて埋めます。ストレートステッチでうぶ毛を加えます。

8c　区分けした各部をロングアンドショートステッチで埋めます。スプリットステッチでラインを入れます。

STEP 8c
D3047、D3053、D3363、D935
ラインD3021

STEP 8a
D3047、D3013、D3053、D3363、D935、D934
輪郭D3021

STEP 8b
D3047、D734、D3012、D935
うぶ毛D3021

Papaversomniferum L.
T BURR 17

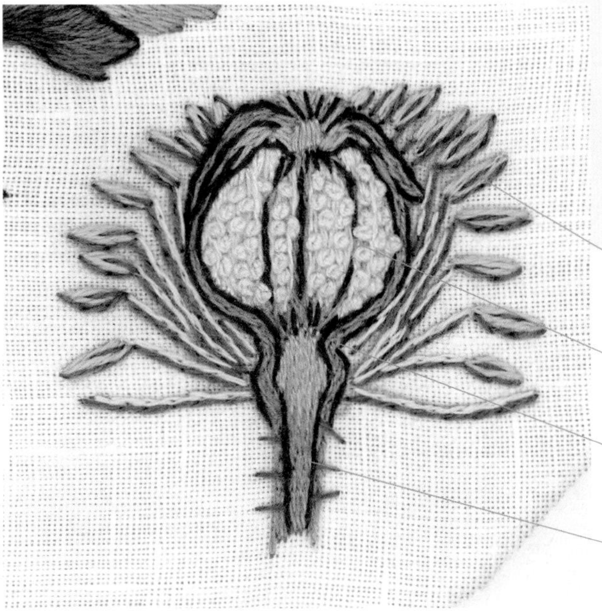

STEP 9

9a 茎をロングアンドショートステッチで埋めます。

9b 中心部をロングアンドショートステッチで埋めます。その上に1本どり2回巻きのフレンチノットステッチで粒を加えます。輪郭はすべてスプリットステッチで入れます。

9c 一本一本の軸をスプリットステッチで埋めます。タネはストレートステッチで。タネの真ん中にD3787でラインを入れます。

9d スプリットステッチを細かく並べて埋めます。

STEP 9c
軸D3787、D3047　タネD734　輪郭D3787

STEP 9b
D613　粒D3047　輪郭D3021

STEP 9d
D3012　うぶ毛D3787

STEP 9a
D3053、D3363

STEP 10

10a D644のサテンステッチで埋めます。その上にD3866、D642、D3787のフレンチノットステッチで粒を加え、スプリットステッチで輪郭を入れます。

10b ロングアンドショートステッチで埋め、スプリットステッチで輪郭を入れます。

10c 中心部をD3866のサテンステッチで埋めます。外側はD642のサテンステッチで埋め、その上にD644とD3787のフレンチノットステッチで粒を加えます。最後にD3787のスプリットステッチで輪郭を入れます。

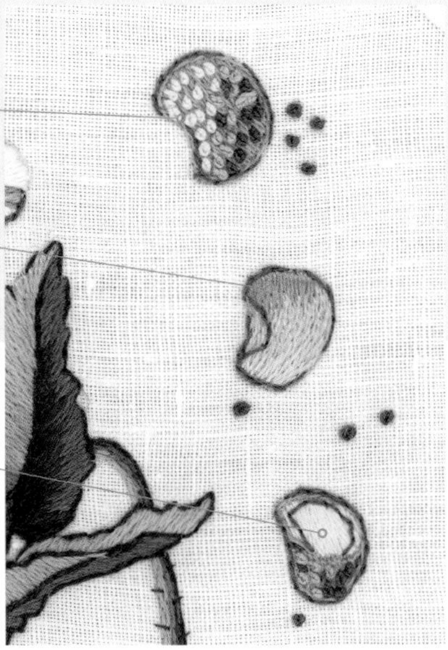

STEP 10a
D3866、D644、
D642、D3787

STEP 10b
D644、D642、
D3787

STEP 10c
D3866、D644、
D642、D3787

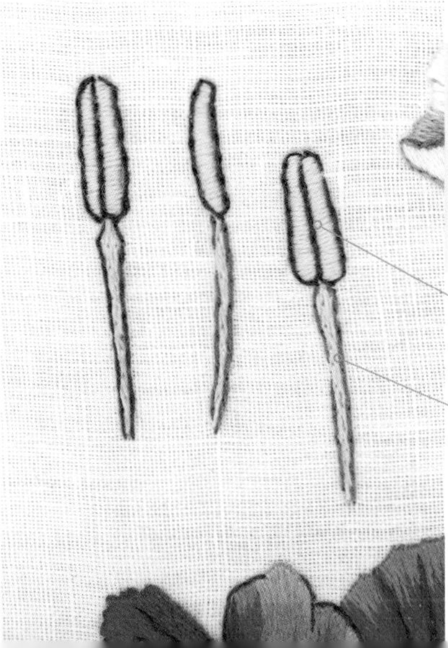

STEP 11

11a サテンステッチで埋め、スプリットステッチで輪郭を入れます。

11b スプリットステッチを細かく並べて埋め、D3787またはD3021のスプリットステッチで輪郭を入れます。

STEP 11a
D3047、D3021

STEP 11b
D613、D3787

STEP 12 白いポピー

12a 花びら一枚一枚にA017f 2本どりのスプリットステッチで輪郭を入れ、縁から中心に向かってロングアンドショートステッチで埋めます。ライン、影、輪郭はスプリットステッチで加えます。

12b ロングアンドショートステッチで埋め、スプリットステッチで輪郭を入れます。

12c 区分けした各部をロングアンドショートステッチで埋めます。ラインはスプリットステッチで入れます。

12d 花の中心部の回りにラインを入れます。暗い色調から始めてだんだん明るくしていきます。

STEP 12a
A4102、A017f、A2912、D760、
D3024、D3023、D3022
ラインと影D3787

STEP 12c
D734、D3011
ラインD935

STEP 12b
D734、D3012、D3011
輪郭D935

STEP 12d
D3781、D612、D834、D613

糸の色番号変換表

完全に一致させることはできないので、代替品を選んだ場合には例外なく、提案の作品と同じ出来上がりにはなりません。オ・ヴェール・ア・ソワにはあってもDMCにはない、という色もあるので、近い色を選んでいます。そのため結果的に同じ色が繰り返し表示されています。ご承知おきください。

菊

AVÀS	DMC
1832	164
1833	989
1842	524
1843	523
1844	522
1845	520
2122	3348
2132	471
2133	3347
2134	3346
2135	3345
2926	777
2941	761
3011	760
3733	3011
3734	3012
4147	818
4622	3833
4623	3832
4624	3831

アヤメ

AVÀS	DMC
112	828
242	15
532	445
1341	211
1342	155
1343	3746
1344	333
1345	791
1426	939
1721	3761
1842	524
1843	523
1844	522
1845	520
1846	500
2132	471
2133	3347
2134	3346
2135	3345
3732	3013
3733	3012
3734	3011
4213	3776
4214	400
4913	793
4914	792
4915	158
4916	791

タイサンボク

AVÀS	DMC
531	3047
2232	3046
3221	01
3222	03
3224	04
3421	644
3442	04
3712	10
3713	3013
3814	3045
3832	372
3841	02
3842	02
3843	03
3844	04
3845	535
3846	535
4096	3865
4102	ECRU
4104	822
BLANC	BLANC

スイレン

AVÀS	DMC
2133	3364
3425	501
3426	500
3712	3047
3713	3013
3714	3012
3715	3011
3716	935
3724	3363
3832	613
3833	612
3834	611
3835	610
3836	3781
3841	3024
3843	647
3844	646
3845	645
5022	3813
5023	503
5024	502

シャクナゲ

AVÀS	DMC
945	816
946	815
1016	321
1831	164
1832	989
1833	988
1834	987
1835	986
1836	895
1843	503
1844	502
1845	501
1846	500
2112	16
2113	471
2114	470
2922	816
2933	3833
2934	3832
2935	3831
2943	3326
3421	524
3422	522
3426	520
4623	3721
4625	3857

ポピー刺繍サンプラー

AVÀS	DMC
643	3825
915	350
916	349
922	352
923	351
2613	922
2643	21
2644	22
2645	3831
2646	815
2912	761
4102	3865
017f	ECRU

図案

実物大の図案です。
そのままトレースして、布地に写してください。

シュウメイギク
p.38 ～ 43

花の刺繍サンプラー
p.44 ～ 93

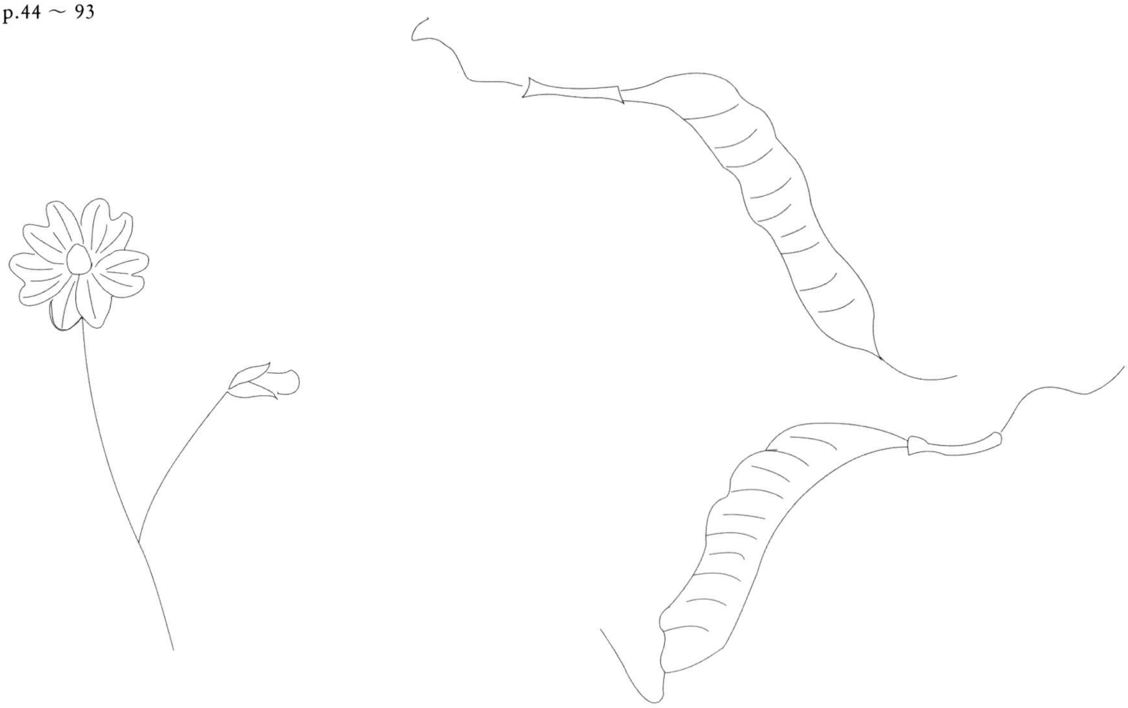

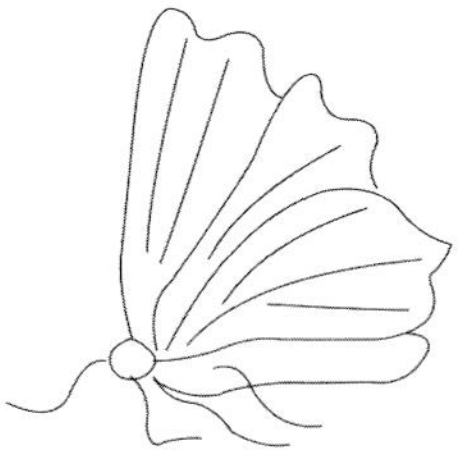

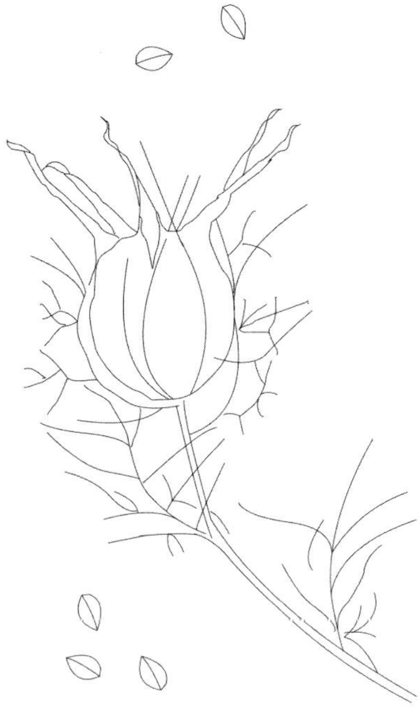

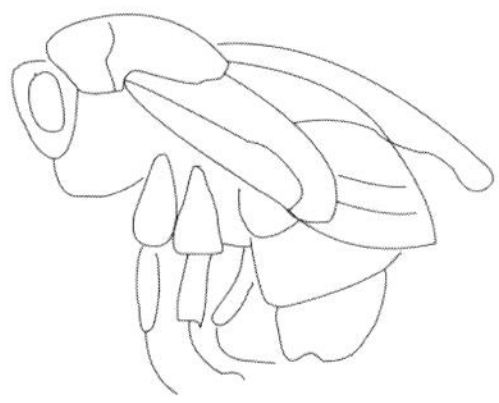

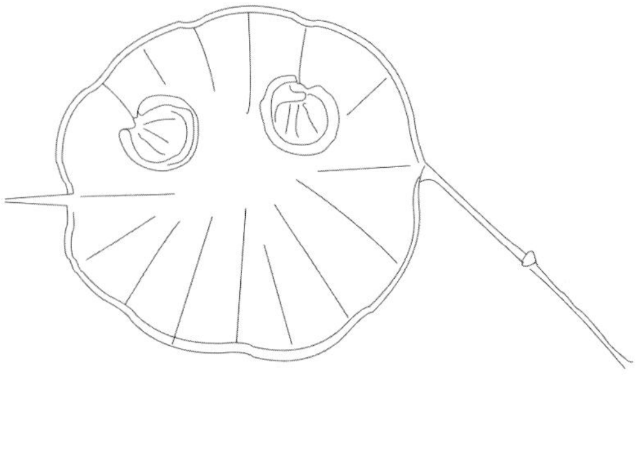

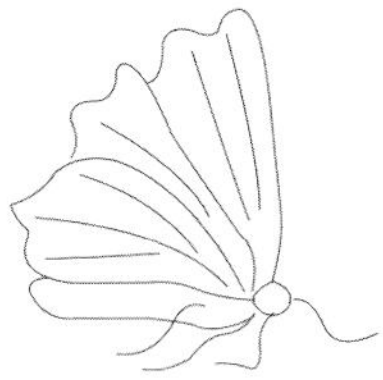

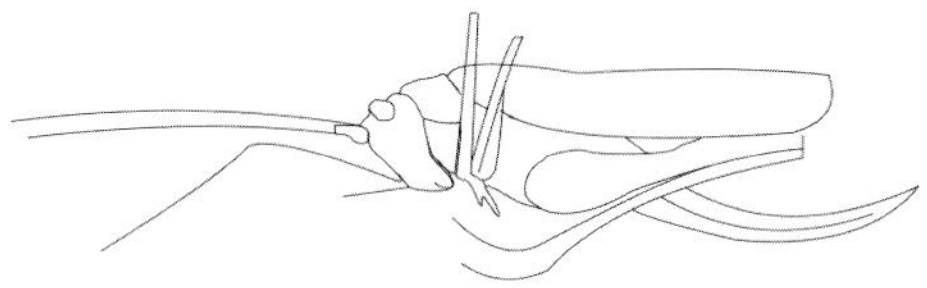

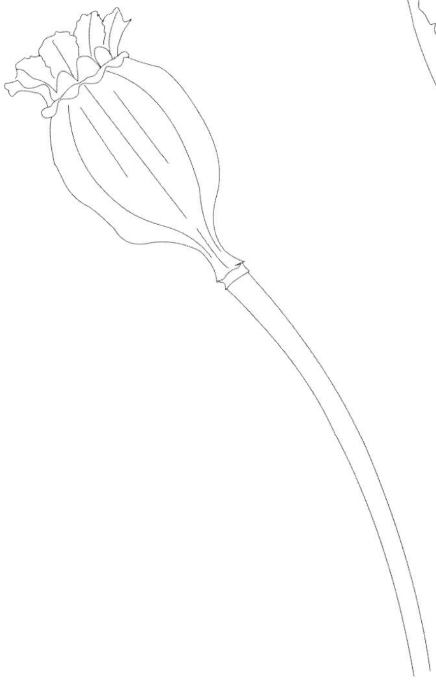

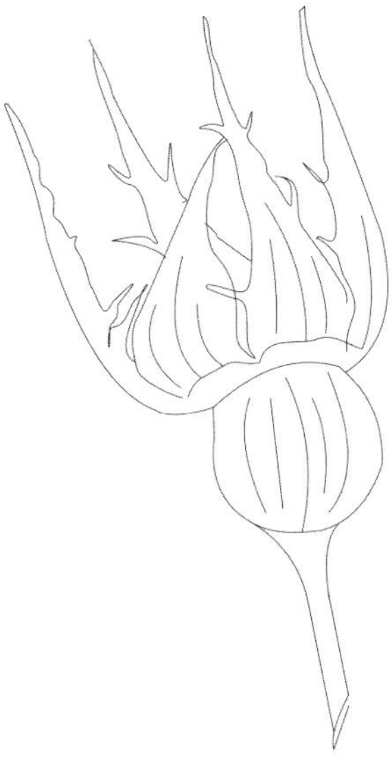

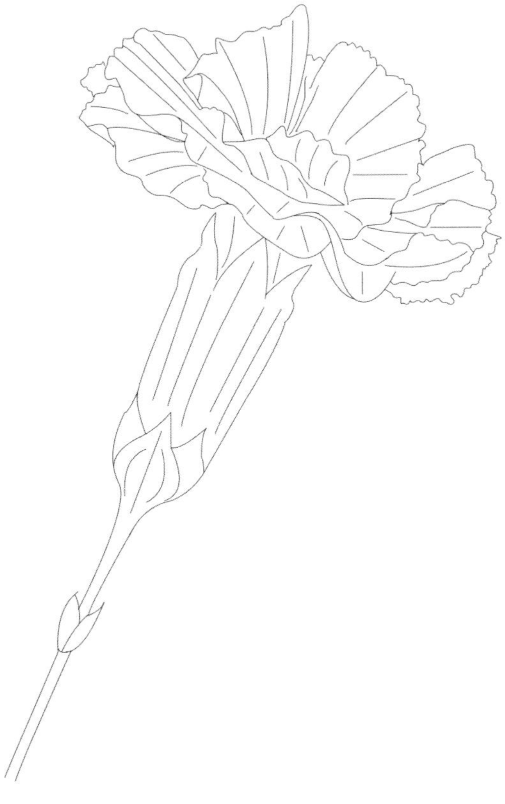

クレマチス
p.94 〜 99

ツバキ
p.100 〜 105

シャクナゲ
p.108 ～ 115

スイレン
p.116 〜 121

アヤメ
p.122 ～ 127

アヤメ

菊
p.128 ～ 133

バラ

p.136 〜 143

タイサンボク

p.144 〜 153

ポピー刺繍サンプラー
p.154 〜 162

著者　**トリッシュ・バー**　TRISH BURR

繊細な刺繍の世界をすみからすみまで知り尽くす独学の刺繍作家。研究と実践を通して独特の技を編み出している。著作も評価が高い。南アフリカのケープタウンに暮らし、当地で活躍。トリッシュ自身と著作の詳細についてはwww.trishbembroidery.comへ。

訳者　**斎藤静代**　SHIZUYO SAITO

翻訳家。訳書に『オードリー リアル・ストーリー』（アルファベータ）、『千の顔をもつ英雄』（早川書房）、『ママ・ショップ 母親交換取次店』（主婦の友社）、英国ロイヤル・バレエ監修の『バレエの世界へようこそ！』や絵さがしの本『バレリーナは、どこ？』（ともに河出書房新社）などがある。

刺繍で楽しむイギリス王立植物園の花たち
キューガーデンの植物画から生まれた刺繍図案

2021年３月20日　初版印刷
2021年３月30日　初版発行

著　者　トリッシュ・バー
訳　者　斎藤静代
発行者　小野寺優
発行所　株式会社河出書房新社
〒151-0051　東京都渋谷区千駄ヶ谷２-32-２
電話　03-3404-1201（営業）
03-3404-8611（編集）
http://www.kawade.co.jp/
印刷・製本　凸版印刷株式会社

Printed in Japan
ISBN978-4-309-28870-3

日本語版デザイン　三上祥子（Vaa）
校正　西進社